KB183845

소통과 공감의 도구

타로의 숲

소통과 공감의 도구

타로의 숲

타로 교과서 기초에서 배열까지

이도경 지음

좋은땅

머리말

여러분, 인간관계에서 서로 마음을 열고 소통을 잘하며 공감을 이끌어내고 싶으신가요?

이번에 출간하게 되는 타로의 숲은 여러분이 그 길을 찾는 데 도움을 줄 것입니다. 우리는 삶 속에서 다양한 관계를 맺고 살아가고 생활하면서, 어떻게 하면 좀 더 서로를 이해하고 다채롭게 바라볼 수 있을지를 고민합니다. 이 책은 수많은 내담자의 상담사례를 바탕으로 여러분께서 가장 궁금해하시는 질문에 간결하고 명확하게 답변합니다. 타로가 심리에 미치는 영향을 통해 우리의 삶을 어떻게 반영할 수 있는지 탐구합니다.

마음속의 심리는 종종 자신조차도 알기 어려운 복잡한 영역입니다. 우리의 내면의 생각이 겉으로 드러나지 않을 때, 타로라는 도구는 그 숨겨진 마음을 드러내는 귀한 통로가 됩니다. 자신의 속마음을, 상담자와 내담자 간의 소통을 통해 서로 이해를 높이고 공감하며, 문제를 함께 해결해 나갈 기회를 제공합니다.

이 책을 통하여 인생의 모든 인간관계에 유익한 통찰을 얻으시기를 기대합니다.

혹시 TV 프로그램에서 MZ 세대가 타로를 가장 선호하는 성지로 꼽았다는 사실을 아셨나요? 이는 타로가 대화의 도구로서 대중의 큰 관심을 받고 있음을 의미합니다. 현대 사회에서 자동화기기 사용과 확산으로 대화의 의미가 변화하고, 삶의 진정한 의미를 찾기 위해 더욱 적극적으로 타로를 활용하고 있습니다.

이 책은 타로에 대한 의미를 실제적인 접근을 통해 타로를 이해하기 쉽고 재미있게 풀어 놓았습니다. 가깝게는 자녀, 가족, 이웃, 친구, 동료와 함께 마음을 나누는 소중한 도구로 활용하시길 바랍니다.

이 책을 통해 여러분은 자신의 심리와 타인의 심리를 더 깊이 이해하게 될 것입니다. 긴장과 스트레스를 덜고, 작은 행복을 느끼며 마음의 길잡이가 되기를 기대합니다.

이 책 타로의 숲 1권과 2권이 여러분의 모든 관계에서 즐겁고 풍성한 소통을 위한 도구로 자리 잡기를 희망합니다. 이 책이 여러분의 삶에 활력을 불어넣고 더욱더 보람찬 날들로 가득하기를 기원합니다.

응원해주시고 이 책을 선택해 주신 모든 분께 진심으로 감사드리며, 이 책이 당신의 인생에 든든한 힘이 되기를 바랍니다.

2024년. 10월. 이도경

차 례

3. 마이너 아르카나 카드 키워드, 상징

4. 궁정 카드

제1부(1권)

1.
타로카드

타로카드를 선택할 때는 우선 그림이 눈에 띄고 가장 중요한 것은 마음속에 느낌이 있어야 한다.

상징을 잘 알 수 있어야 훨씬 이해하기 쉽고 내담자에게 편하게 다가갈 수 있을 것이다.

단순하지만 추리력과 직관력을 발휘할 수 있는 그림의 카드로 활용하면 내담자와 소통이 원활할 수 있다.

타로카드 구성

메이저 아르카나(The Major Arcana) 카드

Arcana라는 말은 '이해할 수 없다(Arcane)'라는 말에서 나오게 되었다.

이해할 수 없는, 비밀스러운, 신비스러운 것을 의미하고, 주된 카드이며, 인간 성장에 대한 카드이다.

마음속 상상을 충분히 할 수 있으며 카드별로 그림의 상징을 표현하는 것이 매우 섬세하게 잘 나타나 있다.

0번(바보)~21번(세계), 22장의 카드로 구성되어 있으며 자기 자신을 나타내고 자신을 잘 알 수 있는 카드이다.

마이너 아르카나(The Minor Arcana) 카드

우주 만물의 4대 원소인 흙, 물, 불, 바람의 네 가지로 구성되어 있다.

ACE에서 10번까지 각 원소마다 10장씩 총 40장이 있으며 인생의 모든 경험을 의미하여 수많은 정보를 제공하며 인생의 모든 상황을 알아갈 수 있는 세상사에 대한 카드이다.

地(흙): 펜타클-금전, 풍요-빈곤까지, 물질에 관한 것.

水(물): 컵-감정, 정서. 인간관계에 대한 것.

火(불): 지팡이-직관, 열정에 관한 것.

風(공기): 검-사고, 생각, 지성에 대한 것.

우주 만물의 4원소를 나타낸다.

궁정 카드(16장의 카드)

궁정 카드들은 내담자의 인생에 영향을 주는 인물에 대한 계급으로 구분이 된 카드이다.

네 가지 짝패(地, 水, 火, 風)마다 종자 또는 시종(Page), 기사(Knight), 왕비 또는 여왕(Queen), 왕(King)이 있으며, 地-4장, 水-4장, 火-4장, 風-4장이 있으며 모두 16장으로 이루어졌다.

궁정 카드는 일상 속에서 여러 기지 방법으로 해석될 수 있다.

1) 성숙도나 계급에 따른 외부인의 영향, 간섭, 사람 등으로 해석될 수 있다.
2) 주변 상황이나 행동으로 나타날 수도 있다.
3) 내담자의 성품, 성격으로 해석될 수도 있다.

타로의 역사

타로의 시작은 동양이며, 원래 카드가 있었고(사람의 성장 원리) 신을 알아가는 과정(14~15세기) 시작, 18세기 복원하였다. 여러 주장이 있지만 대표적인 3가지 기원설에 대해 소개한다.

1. 중국 기원설
2. 인도 기원설: 신이 많으며 인간의 삶과 비슷하다.
① 창조의 신: 브라마 신
② 유지의 신: 비쉬뉴
• 4가지 상징
- 원반: 펜타클
- 고동: 컵
- 향: 지팡이
- 검: 검
- 4가지의 상징이 마이너 카드의 地, 水, 火, 風과 연결이 되어 있다.
③ 파괴의 신: 쉬바
3. 이집트 기원설: 타라(토라) 여신의 22가지 모습이 메이저 카드 22장

(0~21번)과 연결된다. 메이저 아르카나 카드와 마이너 카드의 음과 양의 완전한 조화를 치우침이 없도록 이루어져 있다.

타로 등장 작품

- 영화: 〈카드로 만든 집〉(과학적 구도의 탑)-1993년.
- 내용: (아이가 만든 16번 탑 18번 달) 아버지가 달나라에 갔다고 생각하여 카드로 탑을 쌓는다(달 가까이 가려는 마음). 엄마 건축가, 아빠 돌아가심(고고학자).

→ 선택적 함묵증(자폐증)(매개체를 통한 메시지 전하고 있다).

- 영화: 〈레드 바이올린〉(아내의 피를 받아 바이올린 완성)-1999년.
- 바이올린 장인-죽은 아내의 혼을 바이올린에 불어넣음.
- 부조티-안나 머리카락으로 붓을 만들고 손목의 피로 바이올린에 칠함.

→ 인간의 무의식적인 욕망(열망).

- 영화: 〈다빈치 코드〉(톰 행크스)-2006년.
- 드라마 〈겨울 연가〉 등-복잡한 상징.
- 『고대의 지혜 카발라』 등.

→ 자연 속에서의 삶이나 자연 치유, 대체 의학 등 관심이 높아지고 시간을 소재로 다루기도 함.

- 영적인 추세 비중이 높아지며 인기 많고 우주, 시간, 심리, 외계인 종말 등.
- 얼마 전에 상영한 〈타로〉 영화: 예측 불가능한 스릴과 공포의 다양한 의미를 지닌 영화이다. 타로카드를 이용해 상황을 풀어나간다. - 칸

시리즈 초청, 전 세계적으로 주목을 받았다 한다.

- 덱스(김진영)는 타로카드를 받은 남자 주인공 역/조여정, 박하선은 타로카드를 받은 여자 주인공 역.
- 타로에 대한 대중의 관심이 높아지며 다양하게 타로를 주제로 한 작품이 많아지고 있다.

타로 해석자의 역할

해석자

- 내담자가 뽑아 놓은 카드의 상징과 상황을 정확히 관찰한다.
- 내담자의 질문 주제에 맞춰 카드를 해석한다.
- 카드를 읽으면서 내담자들의 인생에 어떻게 영향을 미치고 반영되는지 상세히 설명한다.
- 마음의 심리가 카드의 그림에 어떠한 모습으로 비추어지는지를 설명해 준다.
- 내담자 자신이 카드의 그림을 이해하고 투영된 자신을 볼 수 있도록 한다.

상담자

- 내담자는 자신의 문제를 알고 싶은 마음이 가득 차 있다고 볼 수 있다.
- 일상적인 대화 속에서 카드 속에 나타난 상징과 여러 상황을 공감이 되고, 자신을 잘 알 수 있도록 해 준다.
- 내담자의 처지와 지금 처한 상황과 카드속의 그림의 상황을 잘 연결

한다.

- 내담자가 마음을 열고 대화로 이어져 마음을 안정이 될 수 있게 하기 위한 지식이 매우 중요하다.

타로카드 상징 의미

타로카드의 해석과 상담은 카드 속 그림으로부터 알 수 있고 그 그림에서 주제에 따른 모든 변화를 알 수 있으므로 카드 속의 상징은 대단히 중요한 상징이고 핵심이라고 할 수 있다.

- 심리학자 칼 융의 동시성의 원리(꿈-상징)에 나타나는 상징은 어떤 것은 정말 명확하고 즉각적인 의미 이상으로 나타난다고 했다.
- 칼 융의 꿈에 나타나는 상징과 내담자에게 나타난 타로의 상징은 매우 다양하고 풍부한 의미를 담고 있다.
- 아주 많은 언어로 표현이 되고 신비스러우며 즉각적인 현실로 나타나기도 한다.
- 우리의 모두가 잠을 자고 있을 때 우리들의 무의식은 꿈의 이미지나 상징으로 나타난다고 할 수 있다.
- 지그문트 프로이트는 무의식의 연결(직관)에서 억압된 생각, 기억 등이 무의식으로 연결되어 있다고 했다.
- 그것이 어떤 것이든 상징은 매우 중요한 것이며 이해하고 느끼는 마음, 행동에 따라 해석이 다르게 나타나기도 한다고 볼 수 있다.
- 카드의 의미를 보면 마이너 카드의 컵은 사랑이나 인간관계, 정서적

인 것을 포함하기도 한다.

- 메이저 카드 XX번 심판 카드는 관에서 사람이 일어나고 있는데 어떤 것의 결정, 청산의 시기, 평가 또는 재탄생, 부활의 필요성을 나타내기도 한다.
- 메이저 카드 XIII번 죽음 카드는 끝이나 고통, 상실감, 사별, 충격을 나타내기도 하지만 극적인 변화와 새롭게 시작함을 나타내기도 한다.
- 지팡이 카드는 하고자 하는 일이나 열망, 에너지를 표현한다.
- 꿈에 푸른 바다, 넓은 벌판이 나오면 (넓은 곳으로) 세계 속으로 나아가고픈 갈망이 있듯이 이처럼 꿈의 상징이나 타로의 상징은 이미지들을 통해서 의미를 끄집어내고 해석을 하는 것은 일맥상통한다고 볼 수 있다.

2.
메이저 아르카나 카드 키워드, 상징, 성격

0 바보(THE FOOL)

키워드

광대, 모험, 여행, 새로운 출발, 모험적인, 자유로운, 낙관적인, 무계획적이다.

상징

- 바보 인물: 태평한 인물이면서 열정의 인물이다.
- 보따리: 순수한 열정, 신경 안 쓴다.
- 흰 꽃(백장미): 진리의 꽃.
- 머리 옆 깃털: 안테나 역할 → 신에게 '내가 왔습니다.'라는 사인, 자유로움.
- 태양 1/4: 미완성 신의 은총.
- 머리 월계관(올리브): 승리, 자신감.

- 옷(노란색 무늬): 카발라 문양(생명의 나무) → 자신이 신성한 존재인지 모르고 찾아다님.
- 소매 안 붉음: 열정, 그냥 순수한.
- 흰 개: 위험 경고 메시지(절벽 위에 있어도 위험하지 않음), 친구, 동행자.
- 낭떠러지: 스릴을 즐긴다.
- 바보 카드는 양자리(춘분), 궁수자리이며 자아를 추구하며 자유스럽고 독특하다.
- 새로운 것을 찾아 나서며 낙천적인 삶으로 외향적인 편이다.

성격

- 본성은 자유로운 사람이다.
- 의지해야 하는 마음이지만 순진하며 천진함이 있다.
- 철이 없고 가벼움이 있어 경솔하게도 보인다.
- 어리석고 준비는 부족하나 열정이 가득해서 몰입하기도 한다.
- 생각이 짧은 면이 있고 너무 쉽게 생각한다.
- 생각이 여러 군데이며 변덕이 심하다.
- 심각하게 생각하는 것을 싫어한다.
- 새롭고 재미있는 것을 찾으러 방황한다.
- 낙천적이며 천진난만함이 있다.

어려운 카드가 함께 배열되면

- 경솔하고 단순하며 부주의하다.

- 무절제하고 사치가 심하다.
- 미성숙하며 불안정하며 불확실하다.

I 마법사(THE MAGICIAN)

키워드

창조의 시작, 기술, 비밀, 치료자, 잠재력 있는, 시작하는, 다재다능한, 권모술수의.

상징

- 마술사(인물): 사기를 조심하라 ↔ 권모술수.
- 오른손: 홀(봉)-권위를 상징 → 신과 인간의 중간자.
- 왼손: 땅, 하늘과 소통.
- 머리 위: ∞ → 무한한 능력 끝이 없다=이마 뫼비우스의 띠.
- 뱀 허리띠: 허물 벗음, 재생(영생), 부활, 염원, 지혜 ↔ 사탄 유혹, 사악, 죽음.
- 테이블 위 4가지 도구: 다재다능, 능수능란 ↔ 잔꾀.

- 地(펜타클): (흙)땅, 물질세계와 감각, 풍요.
- 水(컵): 물, 정서적 욕구, 반응, 감정.
- 火(지팡이): 불, 에너지, 창조성, 열망.
- 風(검): 공기, 지성, 생각, 마음, 잘못 쓰이면 잡념.

- 백합: 순수 → 신에게 바쳐질 성스러운 꽃.
- 장미: 열정 → 칭송, 칭찬, 희망. 기대심.

마법사는

- 쌍둥이자리에서는 재미있고 영리하며 손으로 하는 재주와 말로 하는 것은 다 된다고 볼 수 있다.
- 처녀자리에서는 부지런하고 철두철미하며 실용적인 모습이 나타난다.
- 행성에서는 글이나 손으로 하는 것, 말로 하는 수성과 관련이 있다.

성격

- 재주 있는 사람이며 독창적, 창조적이고 상상력이 풍부하다.
- 다재다능한 사람이라 눈속임을 해도 잘 모른다.
- 활동적이며 활발하고 대인관계가 좋다.
- 특유의 말솜씨로 주변에 인기가 많다.
- 손이나 말로 하는 것은 다 되며 만능 재주꾼이다.
- 4대 원소(흙, 물, 불, 공기)가 잘 갖춰져 있다.
- 매우 영리하며 내가 나를 더 잘 안다.
- 새로운 정보에 민감하며 반짝이는 메신저이다.
- 시작도 쉬우며 포기도 쉽다.

어려운 카드가 함께 배열되면

- 독단적이며 창조력이 부족하다.
- 기술이 부족하다.
- 다재다능하여 오히려 성공하지 못할 수도 있다.

Ⅱ 고위여사제(THE HIGH PRIESTESS)

키워드

지혜, 영감이 강한 신비한 마법의 힘, 총명한, 영적인 ↔ 이중적인, 갈등하는, 비밀스러운, 잔혹, 무례함.

상징

- Boaz(B) 검은색 기둥: 남성(양) 에너지.
- Jachin(J) 흰색: 여성(음) 에너지.

- 색깔이 다른 두 기둥(상반되는 서로의 삶).
- 이중성 내포, 대립물의 결합.

- 기둥 속 올리브: 통합의 원리, 양극성을 포용할 수 있는 힘.
- TORA(토라): 구약 경전(유대교), 신과 인간의 법, 종교적 의미 내포, 신분이 성직과 관계.
- 석류알(옷): 다산, 영적, 물질적 풍요.
- 치마: 물결처럼 흘러감, 깊은 무의식의 세계.
- 초승달(치마 끝): 달과 연합하면 믿기 어렵다. 의심스럽다. 내가 한 일이 부메랑 되어 돌아온다.
- 행성에서는 고위여사제가 달과 연결하여 무의식적인 면이 함께 작용한다.
- 별자리에서는 전갈자리의 지적이고 정서적이며 직관력을 발휘하는

힘이 나오기도 한다.

- 고위여사제는 지혜의 신으로 제우스보다 더 지혜로우며 정의, 예언에 능하다.

성격

- 지혜롭고 신비스러운 사람이다.
- 차분하고 보편적이어서 판단력이 높다.
- 통찰력 있고 직관적인 행위를 한다.
- 차분하고 여성적이며 약간 소심, 소극적이다.
- 사람을 정신적이고 관념적으로 대할 가능성이 많아 상대방들을 현실적인 관계에 불만스러울 수도 있다.
- 다른 사람으로부터 인정을 받고 싶어 한다.
- 이상주의 표현을 많이 하며 현실적 표현은 않는 편이다.
- 고지식하며 보수적이고 비밀이 많다.
- 청초하고 아름다우며 묘한 분위기가 있다.

어려운 카드가 함께 배열되면

- 무지하고 비상식적일 수 있다.
- 숨겨진 비밀이 있고 갈등이 많다.
- 결벽증이 심하고 자신의 껍질 속에 틀어박힐 수 있다.

Ⅲ 여황제(THE EMPRESS)

키워드

풍요로움, 임신, 비옥함, 모성, 축복, 사랑하는 사람, 최고의 여성성, 품위 있는 생산적인 ↔ 과잉, 허영.

여황제는 사랑과 미를 관장하는 비너스와 대지의 어머니인 데메테르(Demeter) 여신(곡물과 수확의 여신)의 결합이라 할 수 있다.

상징

- 곡식 무르익는 들판.

- 웰빙에 관심 많다.
- 물질과 물질적인 필요, 욕구.
- 좋은 결실, 보답과 만족.

- 잠옷 같은 풍성한 옷, 옷에 석류-영적, 물질적 풍요, 자식 욕심 많다.
- 머리에 별(12개 별자리) → 권위 최고의 여성.
- 홀(봉), 올리브 머리띠: 권력, 지위, 힘.
- 방패: 보호, 따뜻, 양육, 안정감.
- ♀: 여성, 성적 매력, 여성의 영향력.
- 행성에서 금성과 해당이 되며 사랑, 여성적인 미와 관련이 있다.
- 별자리는 황소자리 지배하며 자연 친화적이며 견고한 흙의 성질을

가지고 있다.

성격

- 성취 지향적이며 실용적인 것을 선호한다.
- 감성적이고 따뜻함이 있고 돌보려는 모성애가 강하다.
- 주변 사람이 잘 성장하도록 하며 자신감이 가득 있는 사람이다.
- 즐기고 노는 것을 좋아하며 개방적이다.
- 활동적이며 활발하고 재미있다.
- 풍요로우며 사치를 좋아한다.
- 대부분 외모 빼어나고 사랑받는 사람이다.
- 장녀 많으며 늘 현재는 만족스럽지 않다.

어려운 카드가 함께 배열되면

- 제멋대로 행동하여 주저함이 많다.
- 허영심과 낭비가 심하다.
- 태만하여 달성이 늦어질 수 있다.
- 동요되거나 성취하지 못할 수 있다.

Ⅳ 황제(THE EMPEROR)

키워드

제우스 신의 현실적 지배력, 야망, 위엄, 능력 있는, 이성적, 권위, 힘, 지배적인 부성과 최고의 남성 ↔ 오만, 방어적, 향락적인.

상징

- 돌의자: 불편함, 힘든 자리.
- 의자 장식 위, 아래: 양머리-양자리 특성.

-고집스러움과 욕심이다.

-자아 강함.

-강한 추진력.

- 장식 왕관, 황금 보석: 제왕, 지도자.
- 오른손 검: 공정, 분별력(장점), 냉엄, 무정(단점).
- 왼손 구: 안정(장점), 욕심(단점).
- 황색 배경: 전쟁으로 황폐한 땅에 있다.
- 눈 시선 불안정: 경계-모든 책임자들의 어려움.
- 속에 갑옷: 늘 무장하고 있다(전사).
- 쇠 신발: 발품을 팔아야 한다. (어떤 것을 구하기 위해) 발을 조심해야 한다.

- 얼굴의 하얀 수염: 혜안, 숙련의 경험.
- 황제는 토성의 경험, 지혜, 노년을 의미하기도 한다.
- 화성과 관련이 될 때는 강력한 전사이기도 하다.
- 황제는 항상 고독하며, 혼자 잘났고, 권위적이며 보수적이어서 세상의 중심이 본인 위주라 할 수 있다.

성격

- 가부장적 인물이면서 가장의 상징이다.
- 열의의 힘과 확신이 있다.
- 권위적이며 안정을 원해 부유함이 있다.
- 불굴의 정신, 호전적인 면도 있다.
- 목표가 높고 뚜렷하며 아집이 있고 잠재된 지도력을 갖춘 사람이다.
- 머리가 똑똑하여 언행이 일치하고 책임과 의무를 다하는 사람이다.
- 감정적이기보다는 보수적, 이성적으로 사는 경향이 있다.
- 현실적인 사람이면서 화끈한 사람이다. 성질을 잘 참아야 한다.
- 막내라 해도 큰아들 역할을 한다.

어려운 카드가 함께 배열되면

- 거만하며 고지식하며 강요할 수 있다.
- 실무 능력과 경제력이 부족할 수 있다.
- 의지가 박약하고 미숙함이 있을 수도 있다.

V 신비 사제(THE HIEROPHANT)

키워드

주창자, 영적 조언자, 가르침, 신과 인류의 중재자, 제우스의 정신적 지배력, 신성한 멘토링 하는, 교육적인.

상징

- 머리에 관 3단: 영적, 인식이 있는 지혜로운, 교사.
- 봉(홀) 3단: 정신적 지도자의 권한.
- 손가락 3개: 가치 있는 축복의 행동, 축복의 손.
- 빨간 옷, 십자가: 교황, 존중, 권위.
- 올리브: 포용성.
- 두 기둥: 통합, 이 말 저 말 안 한다(자기 말 한다).
- 탈모된 두 사람(모자 쓰고 있는 모습): 복사-스트레스를 받는 만큼 보상받는다. 교황과 수직관계.
- 옷에 무늬 장미: 신의 보호(성직), 열정, 사랑.
- 옷에 무늬 백합: 전통 존중(보수적), 순수.
- 두 개의 열쇠: 참진리의 열쇠, 교황의 도구, 지혜, 지식 ↔ 이중 계약일 때 나옴.
- 교황 카드는 말을 잘하고 표현력 좋은 수성과 연관이 있다.

- 별자리는 집중력이 좋은 처녀자리와 연결이 되어 있다. 말을 너무 많이 하여 괴로운 조언자가 될 수도 있어 카드 배열을 잘 살펴보아야 한다.

성격

- 교사나 상담자이며 조언을 구하고 따르고자 하는 사람이다.
- 친구나 연인으로서 신뢰하거나 당신에게 큰 도움을 주는 사람이다.
- 자비와 친절, 동정심을 가지고 있다.
- 나이에는 상관없으며, 가장 중요한 것은 그 사람이 행하는 역할이나 특성 유형이 진리를 가르치는 교육자의 상징이다.
- 의식을 중요하게 여기며 규칙에 맞게 행동하고 존중하는 사람이다.
- 종교적인 전통을 배우려 하고 깨달음을 얻으려고 애를 쓴다.
- 사회적으로 인정받으며 남에게 조언해 줄 수 있는 사람이다.
- 고집이 세고 자존심 강하며, 말이 많고 인내심 강하다.
- 타인에게는 득이 되는 충고를 해 주면서 자신은 잘 챙기지 못한다.

어려운 카드가 함께 배열되면

- 오래된 원칙에 집착하여 자신 생각에만 사로잡힌다.
- 설교하려 들거나 신용을 잃을 수 있다.
- 시야가 좁고 고립되어 있을 수 있다.

VI 연인들(THE LOVERS)

키워드

결합, 친밀성, 인간관계, 이어 주는, 심미적인, 성과 관련, 협력, 숨기지 않는, 미의 여신 비너스(아프로디테)+데메테르 여신(대지의 어머니).

상징

- 에덴동산의 아담과 이브: 정신적 사랑과 육체적 사이의 선택 암시, 두 사람의 만남의 축복, 새 동반자 탄생.
- 남자 뒤 나무: 생명의 나무(불꽃), 신성한 존재의 앎을 전해 주는 상징.
- 여자(이브) 뒤 나무: 지식의 나무(참회열), 신성 탐구를 알아야 할 지식, 열매.
- 뱀: 지혜 ↔ 유혹 조심.
- 가운데 산(욕망의 산): 욕망, 열정, 사랑이 강하게 연결되어 있음을 일깨워 줌.
- 3명의 천사(메이저 22장 카드 중에).

- 라파엘(VI) 천사: 돌봄, 축복, 큐피드의 천사.
- 미카엘(XIV) 천사: 균형, 평온, 정화의 천사.
- 가브리엘(XX) 천사: 부활, 재탄생의 천사.

- 연인 카드는 행성에서는 금성과 연관되어 있으며, 사랑, 친밀함, 인간관계를 의미한다.
- 별자리에서는 황소자리로 자연스러움, 흙의 견고한 안정을 나타내고 있다.
- 연인 카드가 천칭자리에서는 균형적인 동반자, 부드러운 사랑, 협력을 나타낸다.

성격

- 연인들은 모든 중심이 사람이며, 대인관계 상황을 반영한다.
- 인간관계가 소중하고 중요한 사람이다.
- 사랑과 미에 대한 관심이 매우 높다.
- 예술적인 능력과 아름다움을 창조한다.
- 완성과 조화를 이루려는 마음이 강하다.
- 감정이 자연스럽게 일어나고 사라진다.
- 감성적인 사람이라 감정적인 정서 교류가 우선이다.
- 활동적이며 활발하다.
- 사교성이 많고 성실하며 쾌활하고 밝은 사람을 좋아한다.
- 솔직한 면이 많아 다른 사람들에게 진심으로 대한다.

어려운 카드가 함께 배열되면

- 사랑이 소홀하여 이별에 이를 수 있다.
- 파혼이나 사랑의 도피 행각을 할 수 있다.
- 퇴직을 당하거나 일이 올바르게 이루어지지 않는다.
- 불만족스러운 사랑, 성관계가 올 수 있다.

Ⅶ 전차(THE CHARIOT)

- 앞 카드들의 종합판

키워드

승리, 역동적, 활동적인, 진취적인, 운송수단을 의미, 목적이 있는 여행, 움직임의 원리, 외부적인 힘, 두려움 없이 나아가는 힘.

상징

- 두 마리 스핑크스: 마법적인 창조물.
- 검은색 스핑크스: 야심 찬 욕망의 부정적인 면.
- 흰색 스핑크스: 야심 찬 욕망의 긍정적인 면.
- 남성과 여성(양과 음): 양극성의 차이, 동상이몽.
- 스핑크스 주인: 전투의 신 아레스, 활동력, 몸, 마음, 영혼이 모두 강하다.
- 팔각형 별: 길을 인도하는, 권력을 대신하는.
- 이마 월계관: 승리.
- 갑옷: 강인함, 보호.

앞 카드들의 종합판

- 스핑크스 여행(바보).
- 봉(홀) Ⅰ(마법사).
- 흑과 백 Ⅱ(고위 여사제).
- 별 Ⅲ(여황제).
- 마차 의자 Ⅳ(황제).
- 구도가 비슷 Ⅴ(교황).
- 음, 양 두 인물(연인들).
- 청색 마크: 시바 신의 상징, 지배, 행동력.
- 팽이 모양(빨간색): 남근(방패), 죽음을 두려워 않는다.
- 팽이를 감싸고 있는 하얀 모양: 요니(자궁)(힌두교에서 말하는).
- 전차 카드는 화성에서 온 남자이듯 강한 행동력을 보여 주는 화성과 연결되어 있다.
- 별자리에서는 목표를 위해 달려가는 염소자리이다.

성격

- 목표를 향해 앞으로만 나아가는 사람이다.
- 저돌적이며 용감하고 카리스마가 있어 역경을 극복하려는 의지가 강하다.
- 내면에서 욕심이 많아 마음을 다스리지 못할 때도 있다.
- 추진력이 좋아서 할 수 있는 능력이 많고 무엇이든 해낼 수 있는 능력이 있다.
- 하던 일을 성공적으로 마무리하는 경향이 있으며, 마음의 변화에 귀

를 기울일 필요가 있다.

- 타일러 가며 말해야 하고 시간을 줘야 하는 타입이다.
- 성격이 급하고 이해심이 적어 이기적이고 직선적일 때가 많다.

어려운 카드가 함께 배열되면

- 소극적이게 되어 전의가 상실되어 제자리걸음에 머무를 수 있다.
- 벅찬 라이벌이 등장하여 패배할 수 있다.
- 능력이 저하되어 집중력이 떨어지고 목표를 이루지 못할 수도 있다.

Ⅷ 힘(STRENGTH)

키워드

의지, 여성의 힘, 정신적인 힘, 불굴의 상징, 대담함, 용기, 꿋꿋함, 인내, 지혜로운, 힘 있는, 관리 능력 있는.

상징

- 넝쿨 식물: 외유내강(내부적인 힘), 여자의 성숙함.
- 사자: 본능적, 다루기 어려운 대상, 용기, 꿋꿋함, 인내, 나보다 강한 사람 → 겉으로 순해 보임(화를 잘 내지 않음), 내 안에 두려움, 화낼 때 피해야[ex) 지팡이 여왕 사자상(의자)].
- ∞(머리 위): 무한함, 깊은 지혜 → 여성의 용기가 깊은 지혜에서 솟아나오며 그녀의 삶의 비밀들을 전한다는 의미 강조한다[ex) 마법사 카드 머리 위 ∞].
- 사자를 희롱하고 있음: 남자를 잘 다스린다(통제). 간 보기를 잘한다. 스킨십을 좋아한다(물리치료 중).
- 힘 카드는 사자자리를 나타내며 사자자리는 따뜻하며 능력이 있고 리더십을 발휘한다.
- 힘을 잘 다스리기 위해서는 자기 자신을 잘 통제해야 한다.

성격

- 외유내강형의 사람이며, 승부 욕심, 생활력, 정신력 강하고 자존심도 강하다.
- 강함을 보여 주는 부드러움을 가지고 있다.
- 통제력을 가지고 있으며, 확신과 도전적인 태도가 있다.
- 내면의 두려움과 맞서야 할 때도 있다.
- 다혈질이며, 전차보다 강하기도 하다.
- 성공을 다루는 사람이며, 멋있는 여성이다.
- 항상 일하는 여성이며, 남이 미워도 보듬어 줄 줄 아는 힘이 필요하다.
- 부드러움으로 강함을 다스려야 하고 마무리가 중요하다.

어려운 카드가 함께 배열되면

- 인내력이 부족하여 체념할 수도 있다.
- 힘의 오용으로 실력이 떨어진다.
- 겁쟁이가 되거나 매우 잘난 척하는 기질이 될 수 있다.
- 의지력, 결단력이 저하되고 유혹에 질 수 있다.

IX 은둔자(THE HERMIT)

키워드

시간과 공간의 카드, 은자, 현자, 물러남, 묵상, 내적 조언, 철학적인, 先知者, 은둔하는, 사리 분별, 신중함, 멘토적인, 우주적인 정신, 세상의 완성, 모든 수의 완성 숫자.

상징

- 한 손의 지팡이(봉): 지혜의 지휘봉이다. 의지할 수 있는 도구이다.
- 다른 손 등불: 방향을 가르쳐 줄 수 있는 빛이다. 다른 사람의 빛이 되어 주는 현자이다.
- 턱수염: 경험, 지혜, 연륜, 先知者, 지적인 추구를 한다. 사려 깊고 마음 깊이 현명하다. 실속은 챙기지 못하고 이상주의자이다.
- 발아래 눈이 덮인 산: 고행, 고난, 내면의 성찰 ↔ 가까운 사람이나 아랫사람을 조심해야 할 수 있다.
- 회색의 두루마기: 고상하고 사려 깊다.
- 은둔자 카드는 토성과 연결이 되며 경험과 기다릴 줄 아는 인내의 배움을 나타낸다.

성격

- 관심이 내면에 있고 자신만의 철학이 있는 사람이다.
- 명상을 즐기며 몰입하고 집중하며 신중하다.
- 다른 사람에게 조언하기를 좋아하며 경험이 풍부한 사람이다.
- 행동이 빠르지 않고 고요하여 우울감에 빠질 수도 있다.
- 외골수 성격이며, 고집이 세고 애정에 있어서 융통성이 없고 현실감이 좀 떨어진다.
- 내성적이면서 정결하고 깔끔한 사람이다.
- 선견지명이 있으며 묵상을 즐기는 사람이다.

어려운 카드가 함께 배열되면

- 집중력이 부족하여 편협해질 수 있다.
- 경계가 심하고 진전이 되지 않는다.
- 경박한 사랑을 하고 이별, 이혼이 될 수도 있다.
- 융통성이 없고 무분별하고 세상에 대한 불만이 많을 수 있다.

X 운명의 수레바퀴(WHEEL&FORTUNE)

키워드

여행 여정의 중간 지점 도착, 순환, 무한 환생, 완전 진보, 윤회, 마법의 카드, 환영받는, 터닝포인트 ↔ 하강기, 불리한 입장, 어긋남이 많음, 실연이 있다.

상징

- 중심의 스핑크스: 지혜로운 안내자, 수호자.
- 검(스핑크스): 지혜, 엄격, 결단력.
- 밝음, 어두움(스핑크스): 선악의 이중적인 면.
- 구름: 신비로움.
- 천상의 4존재(책): 지식, 지혜, 길.
- 계절의 순환(地, 水, 火, 風).
- 여성(공기): 검, 물병 별자리, 수호자, 사고, 지성.
- 독수리(물): 컵, 전갈 별자리, 감정, 정서, 사랑.
- 황소(흙): 펜타클, 황소 별자리, 자연, 감각, 자기 가치.
- 사자(불): 지팡이, 사자 별자리, 열정, 에너지, 남성적 원리.
- 천사, 독수리, 사자, 황소 4요소: 주변 도움.
- 노란색 뱀: 윤회, 지혜 ↔ 탐욕, 유혹, 게으름.

- 붉은색 여우 모양(수레바퀴 등의): 그리핀 신화.

- 오시리스, 이시스 쌍둥이 결혼 → 아들 아누비스 → 호루스(매의 얼굴)로 죽은 자의 영혼을 옮겨 주는 역할 → 그리핀의 힘으로 수레바퀴가 움직이고 있다.

- 수레바퀴 안의 글자.

- TARO(TORA): 자연의 법칙(히브리 율법집).
- ROTA: 바퀴(라틴어).
- OraT: 말하다.

- 히브리 문자(소금, 해, 신성한 사운드).
- 연금술의 4가지 도구들(세모, 원, 물결무늬): 사람도 수행 과정을 거치면 빛나는 사람으로 만들 수 있음.
- 수레바퀴 회전: 새로운 시작, 더 나은 쪽으로의 전환, 어떤 종류의 완성 → 경험에 의한 인간의 시작.

운명의 수레바퀴와 관련된 행성은 목성이며, 확장과 행운. 새로운 추구를 나타낸다. 별자리에서는 궁수자리와 관련이 있으며, 탐험이나 여행 철학적인 것을 나타내기도 한다.

성격

- 낙천적으로 개방적이며 될 대로 되라는 나태한 성향도 있다.
- 속마음은 쉽게 털어놓지 않는 성향이고 돈독해지면 말하는 스타일이다.
- 재주가 있으며 지식에 대한 탐구열이 높은 사람이다.

- 자신의 행동이 되돌아오니 행동을 잘해야 하는 사람이다.
- 배우는 지식을 다른 사람에게 좋은 쪽으로 사용하거나 가르쳐야 한다.
- 늘 마음이 변할 때도 있어 변심을 조심해야 한다.

어려운 카드가 함께 배열되면

- 어긋남이 많아지고 불리한 입장이 될 수도 있다.
- 때를 잘못 만나거나 하강기가 되어 궁핍할 수 있다.
- 사랑에 있어서 실연으로 이어질 수 있다.

XI 정의(JUSTICE)

키워드

결정, 법률적인 일, 공정한, 신중한, 이성, 사고, 심사숙고, 합리적인, 완벽한 ↔ 저울질, 불공평한, 불리한 조건, 편협적인, 선입견.

상징

- 하얀색 두 기둥: 통일된 힘, 중립성이 있다.
- 재판 모습: 준비를 철저해야 한다는 것이다.
- 머리 위 왕관: 권위가 독립적이고 신성함이 있다.
- 오른손에 들고 있는 검: 권위, 냉정한 판단, 엄격함, 진실의 필요성으로 유일하게 검을 들고 있는 인물이다.
- 왼손에 저울: 균형과 공정함의 필요성, 형평성.
- 빨간색 겉옷: 강한 열정과 힘이 있다.
- 초록 망토: 판단력이 좋고 정의롭다.
- 왕관에 보석: 혜안과 뛰어난 직관력이 있다.
- 오른발이 나와 있다: 결정을 내리면 실천 빠르다. ↔ 편견과 독단.
- 정의 카드는 양극성으로 나올 때도 있다.

- 여성이면서 남성적이다.

- 정의 카드는 행성은 화성과 연관이 있으며, 별자리에서는 천칭자리에 연결이 되어 있다.

성격

- 정의롭고 남을 잘 배려한다.
- 공명정대한 스타일이며 공평무사하다.
- 분별력 있고 균형과 조화를 이루며 평정심을 찾으려는 사람이다.
- 매사 최선을 다하며, 열심히 일하는 사람이다.
- 명예를 중요시한다.
- 옳고 그름을 정확하게 판단하며, 감정보다는 논리를 중시한다.
- 망설이고 저울질하는 능력이 뛰어난 사람이다.
- 결단력이 부족하여 너무 많이 재고 있을 때가 있다.
- 대인관계에서 옳은 것과 그른 것이 정확하여 매우 이성적이다. 그래서 마음의 정서를 플러스해야 한다.
- 매우 영리하고 명석한 머리의 소유자이다.

어려운 카드가 함께 배열되면

- 편견과 독단으로 도덕을 무시하는 사람이 될 수도 있다.
- 편파, 선입견으로 꺼림칙한 행동을 할 수도 있다.
- 불리한 조건이 되며, 불공평과 불균형을 초래한다.

XII 거꾸로 매달린 남자(THE HANGED MAN)

키워드

내맡김, 깊은 희생, 깊은 이해, 조정, 성숙, 성장의 카드, 인내하는, 재기를 다지는, 정체된다. ↔ 열매 맺지 않은 희생, 제멋대로이다.

상징

- 머리(후광으로 빛이 남): 내맡김, 희생, 순교, 조용히 숙고, 곧 깨달을 날이 왔다.
- 십자 모양의 나무: 생명의 나무이다. 구원받는다.
- 매달려서 수행: 자기희생적이다. 동작이 느리다. 낙태 가능성 있을 수 있다.
- 거꾸로 된 자세: 뒤집어 생각할 수 있다. 희생이다. 상대방이 연하일 수도 있다.
- 허리띠: 자기 조정, 한정, 속박, 커트라인을 정한다.
- 나무에 묶인 오른발: 희생과 시련이 있다.
- 푸른색 상의: 이성적이고 판단력이 있다.
- 빨간 타이즈 다리: 열정은 있으나, 움직이고 싶은 마음이다. 편안한 여유가 있다.

거꾸로 매달린 남자 카드의 행성은 토성과 해왕성으로, 토성일 때는 행동이 느리니 구애받지 말고 기다리면 성취가 이루어지지만, 해왕성일 때는 희생을 해야 한다는 것이다.

성격

- 끈기는 있지만, 한마디로 느리다.
- 희생적이어서 착하기는 하다.
- 둔감한 편이기에 정서적인 표현이 부족하다.
- 자신의 내면세계에 관심이 많아 생각이 많고 변덕쟁이다.
- 왕자병, 공주병이 있고 엉뚱함이 있다.
- 보편적으로 연상을 좋아한다.
- 겉으로 보기에 느리더라도 속에서는 생각이 많으니 천천히 할 수 있도록 지켜보는 것이 필요하다.

어려운 카드가 함께 배열되면

- 필요한 노력을 하지 않으며, 참지 못할 수 있다.
- 제멋대로이며, 이기주의자다.
- 열매를 맺지 않은 희생이 될 수도 있다.

XIII 죽음(DEATH)

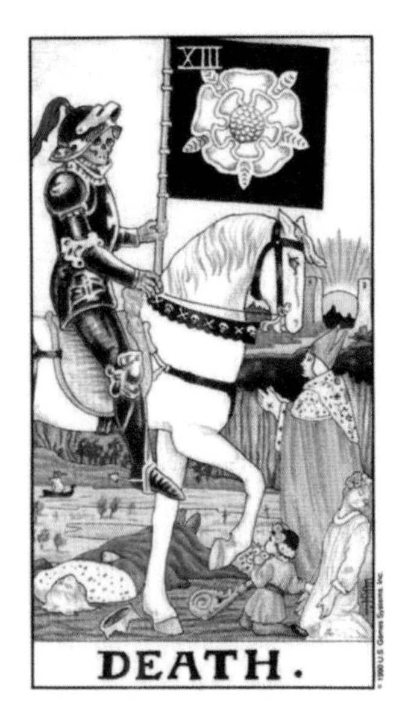

키워드

변형, 재탄생, 이별, 사별, 멈춤, 시한부, 끝난 ↔ 기사회생, 슬럼프 탈출, 이미지 변신.

상징

- 붉은 눈, 검은 갑옷 입은 기사.
  - 검은 깃발: 장미십자회-연금술 단체.
  - 크로노스 → 시간의 신(수확과 창조) → 변화 단계(부활과 재생).
- 쓰러진 사람(황제): 왕관 벗겨짐, 반란, 힘의 끝, 변화, 죽음.
- 여황제: 외면, 죽음을 피하고 싶다.
- 교황: 설득시키고 있다. 조언과 협상을 하고 있다.
- 아이: 꽃 들고 있다. 뭔지 모르지만 환영한다. 순수하다.
- 이쪽 땅: 황무지.
- 강 건너 땅: 옥토 → 때가 되어서 어린아이 같은 마음으로 받아들이고 변화해야(강 건너가야 할 때) 한다.
- 해(일출): 좋은 곳으로의 변화, 희망 ↔ 출근길 조심해야 한다.

죽음 카드는 명왕성, 전갈자리에 관련이 있으며 재탄생을 나타내고, 죽음처럼 상실되고 없어져 버리는 것이다.

성격

- 익숙한 성향을 유지하기보다는 새로운 것을 원한다.
- 변화를 두려워하지 않는다.
- 육체적 죽음을 의미하는 것이 아니다. 마치 죽음처럼 뜻밖의 변화일 수 있다.
- 과감한 사람이며, 개혁가이다.
- 연민의 정이 많은 사람이다.
- 사물을 보는 시야가 넓은 사람이다.
- 추리력이 뛰어나서 재생과 치유 능력이 있고 상대를 잘 위로해 준다.
- 말수가 적고 비밀을 간직하는 경향이 있다.
- 청소년의 경우 속이 깊다.
- 깊은 속을 드러내지 않으며 긍정적이지 않을 때도 있다.

좋은 카드가 함께 배열되면

- 포기했던 것이 되돌아오며 기사회생의 찬스를 맞이할 수 있다.
- 기적적으로 회생하여 슬럼프를 탈출하는 기회가 되기도 한다.
- 이미지 변신이 되거나 방식, 방침이 새롭게 바뀔 수 있다.

XIV 절제(TEMPERANCE)

키워드

중용, 타협, 균형, 평온, 정화, 지속되는, 소통하는, 화합하는 끈기 있는, 중재하는 ↔ 불규칙한, 조정 능력이 없을 때, 쓸데없는 일이 많을 때.

네 가지 덕목 중 하나로 정의, 절제(중용), 신중(지혜), 용기가 있다.

상징

• 미카엘 천사.

- 힘이 센 천사이다.
- 힘이 넘쳐 힘을 조절하여 다스린다.
- 지력, 용맹함, 자비, 정의의 천사이다.

• 천사의 빨간 날개: 열정, 위엄, 균형이 있다.
• 발이 돌 위, 물 밖: 의식, 자각, 실제적이다.
• 발이 물속: (정서적인 것) 균형 잡힌 조화 ↔ 한 발만 담그는 기회주의자이다.
• 두 개의 산: 큰 목표 지점이다.
• 네모: 현상 세계(물질세계).
• (가슴에) 세모: 우리 존재, 영혼.
• 이마 중간 동그라미: 태양 상징(밝은 의식과 삶으로의 귀환)이다.

- 물가에 노란 꽃(수선화): 노란 흔적의 빛의 흔적과 같은 꽃, 정화를 나타낸다.
- 두 개의 물컵.

- 칵테일 섞는다. 재탄생의 지름길이다.
- 삶에 대한, 갈증에 대한 조화이다.
- 재공급과 빛을 의미한다.

- 물: 모든 생물의 명맥과 감성을 나타낸다.

절제 카드는 균형과 조화의 천칭자리와 흙의 황소자리, 물의 물고기자리, 불의 궁수자리와 목성이 연결되어 있다.

성격

- 절제를 잘하고 남을 배려하며 열심히 일하는 사람이다.
- 자기 통제와 검소로 인해 성공을 이루어 낸다.
- 잘 융화되어 주변과 조화를 이룬다.
- 성공을 위하여 주변 사람들과 잘 협력한다.
- 미적 감각이 있고 부드럽고 친절한 사람이다.
- 상황을 잘 판단하고 저울질을 하는 능력 뛰어나며 현실적이다.
- 할까 말까 선택의 갈등을 많이 하는 기회주의자이다.
- 반대의 성향이 나오면 집착할 수가 있다.
- 절충과 균형의 능력이 있어 목표를 이루려고 노력하며 지혜롭다.

어려운 카드가 함께 배열되면

- 불규칙한 일이 많아지고 조정 능력이 없어질 수 있다.
- 절제 없음이 악영향을 가져다준다.
- 쓸데없는 일이 많아지며 적응과 조화를 이루지 못할 수가 있다.

XV 악마(THE DEVIL)

키워드

중독된, 집착하는, 묶여 있는, 흔들림, 유혹, 저급한 본능, 나쁜 버릇, 중대한 경고, 불법적인, 구속된 ↔ 욕심 버릴 때 구속에서 벗어난다. 나쁜 유혹을 저버린다.

상징

- 독수리 발톱: 속박.
- 횃불: 잔인성.
- 여자 꼬리 포도: 남용.
- 악마 머리 별(거꾸로 그려진): 통제 ☆.
- 목쇠 사슬.

- 집착(벗을 수 있는데도 안 벗고 있다).
- 속박됨: 욕망의 포로(건전하지 않거나 파괴적인 인간관계) ↔ 구속에서 도망침. 욕심(나쁜 유혹)을 버린다.

- 염소 머리: 자폭 스타일이다.
- 뿔이 달린 동물 머리, 박쥐 날개, 날카로운 발톱: 질투를 의미한다.
- 머리에 뿔이 난 남자, 여자: 집착하며 욕망의 포로이다.
- 악마: 늘 감시당한다. 잠자리가 불편하다.
- 머리 위의 오각형 별, 다섯 손가락: 악마의 숫자 5를 가리킨다.

악마 카드는 명왕성, 전갈자리와 연결이 되고 손해와 아픔이 있으며, 크나큰 변화가 있고 강박관념이 매우 커진다.

성격

- 집착이 강한 사람이며, 유혹에 약하고 생각이 짧다.
- 변덕이 심하고 귀가 얇다.
- 이중성, 양면성이 있어 여러 가지 생각이 많아 그 상황에서 벗어나지를 못한다.
- 집착이 심하여 마음의 여유를 갖기 어려울 정도로 걱정을 많이 한다.
- 굉장히 현실주의적이고 명예를 중요시하는 사람이다.
- 호기심이 많으며 놀기 좋아하고 음탕하다.
- 마음속의 걱정을 내려놓지 못하여 옆에 있는 사람이 힘들 수 있다.

좋은 카드가 함께 배열되면

- 나쁜 유혹에서 벗어나고 욕심을 버린다.
- 구속에서 벗어나고 나쁜 인연에서 도망을 칠 수도 있다.
- 오랜 고뇌에서 해방이 되며 황폐한 생활에서 벗어날 수도 있다.

XVI 탑(TOWER)

벼락을 조정하는 제우스 신에 의해 신의 분노가 표출되었다.

키워드

붕괴, 경고, 분열과 상처, 파괴, 단절, 커다란 변화, 마른하늘에 날벼락, 단절, 충돌하는, 치명적인, 미지의 세계로 뛰어드는 것이다.

상징

- 탑: 삶의 구조물을 상징하는 은유이다. 감금과 환각의 장소이다.
- 번개 치다: 우리의 계획이나 일을 망치는 뜻밖의 사건이다. 결국에는 들통난다.
- 오래된 건물 부서짐: 당황스럽다. 쌓아 왔던 권력이나 욕심이다.
- 두 사람 추락함: 과거의 대인관계를 유지하기보다 변화를 추구한다. 이성 문제가 생기고 당황스럽다.
- 노란 점: 신의 은총, 오른편 10개(행성), 왼편 12개(별자리).
- 탑 카드는 천왕성과 연결되어 있으며 탑 카드처럼 갑작스러운 사건이나 커다란 변화가 있는 행성이다.

성격

- 도전 정신이 강하여 뒤를 생각하지 않고 밀어붙이는 경향이 있다.

- 커다란 변화, 미지의 세계로 뛰어드는 것을 추구한다.
- 패배가 있어도 후회하지 않는다.
- 우쭐거림과 교만이 있다.
- 변화에 큰 충격을 받고 화끈하고 승부 근성 있으나, 허점이 보이면 용납 안 한다.
- 손재주가 좋고 좋은 사람인데 화가 나면 무서운 사람이다.
- 진실인 줄 알다가 나중에 잘못된 것을 알았을 때 내던질 과단성이 있다.

큰일이 있었는지 물어보았을 때 그렇다고 하면 액땜했다고 하고(과거) 미래 카드로 나오면 갑작스럽게 놀랄 일이 생기거나 안전 운전하라는 경고일 수 있다.

어려운 카드가 함께 배열되면

- 파멸 직전이거나 우쭐대다가 뼈아픈 대가를 받을 수도 있다.
- 긴박한 상황이며, 불운의 상황일 수 있다.
- 내분이 일어날 수도 있으며, 험악한 분위기를 나타낼 수 있다.

XVII 별(STAR)

세 장의 빛이 나는 카드 중 하나이다.

키워드

재탄생의 강력한 이미지, 꿈꾸는, 이상적인, 성취, 희망, 치료됨, 좋아짐, 정신적, 감정적, 안정, 조화, 균형, 낙천적이다.

상징

- 노란 별: 길을 밝혀 준다(우리 내부에 있는 길잡이 역할이다).
- 7개의 별(차크라): 내면의 에너지 센터, 소원, 소망이 성취된다.
- 나체의 여성: 단순성, 아름다움, 대지의 어머니, 몸과 영은 하나다. 진도가 빠르다. 자신의 모든 것을 쏟는다.
- 컵 두 개로 물을 붓고 있다: 재생과 유희이다. 자연으로부터의 회귀이며 환경과의 조화를 표현한 것이다.
- 새(따오기): 희망, 넘치는 미래, 세상사를 토트 신에게 알려 주는 역할을 한다.
- 원형의 연못: 생명의 발원지이며 모태이다.
- 흐르는 물: 건강과 넘치는 활력, 삶 자체의 정서, 어린 시절의 천진함이 있다.

별 카드에서 행성은 금성과 해왕성과 관련이 되며 별자리에서는 물고기자리와 연결이 되어 있다.

성격

- 부드러우며 타인과의 관계를 소중히 생각한다.
- 어린 시절의 천진함이 있으며, 어둠 속에 희망의 등불이 되려는 사람이다.
- 힘들어하는 대상에 힘이 되어 주려고 한다.
- 신념이 있고 낙천적이며 긍정적인 생각을 많이 한다.
- 꿈을 꾸는 이상형이라 현실을 망각할 수도 있다.
- 말이 없거나 튀기 좋아하며 심리적으로 불안한 상태일 때도 있다.
- 우유부단한 성격이 나올 때는 이중인격으로 변덕스럽다.
- 다른 사람에게 비추어지는 것에 관심을 많이 가지며 예술적 감각을 지니고 있다.
- 대단한 영감과 감각적이고 육감적인 인물이다.

어려운 카드가 함께 배열되면

- 바람이나 이상이 너무 높아 실망스러울 수 있다.
- 좋아하지도 않는 일을 하게 되거나 걸림돌이 있을 수 있다.
- 격려가 따르지 않는 비판적인 상황이 될 수도 있다.

XVIII 달(MOON)

키워드

모성, 여성, 불안, 망상, 속임, 여성적 에너지, 변화, 불확실, 갈등하는 모종의 관계, 사기나 배신.

달의 주기는 여성의 생리 주기와 같으며, 여성의 임신, 출산과 관련이 있다.

상징

- 달: 무의식에서 의식으로 가는 길, 여성적인 욕구, 본능 등 반응을 지배한다.
- 개와 늑대를 내려다봄: 한심하게 생각한다.
- 달의 변화: 조수의 변화, 씨 뿌리기에 적용된다.
- 초승달: 아르테미스.
- 보름달: 데메테르(대지의 어머니).
- 그믐달: 헤카테(마녀).
- 개, 늑대 자리 지킴: 상대를 서로 못 믿는다.
- 개, 늑대: 길을 안내하는 헤카테와 관련 있는 동물로서 훈련을 받아 우리를 광기와 마법 속으로 안내한다.
- 가재(전갈): 주인공, 무의식적인 것, 물에서 나와 어디까지 가는지 모름.

- 긴 미로: 따져 봐야 답이 안 나옴, 심증은 있지만 물증은 없다.
- 건물: 어떤 목표의 삶의 구조물.
- 달 카드는 행성의 여성적인 달과 가족을 우선하는 게자리와 연결이 된다.

성격

- 자신이 너무 순수하여 남들로부터 잘 속는다고 생각한다.
- 달이 매일 모습을 바꾸듯이 속마음이 자꾸 바뀌는 사람이다.
- 의심이 많이 일어나는 경향이 있다.
- 쓸데없는 걱정에 빠져 혼자 고민하고 힘들어한다.
- 그래서 고민에 빠져 있거나 일의 진행에 막힘이 있다.
- 항상 선택의 기로에 서 있다: 얼른 빠져나와야 하며 오래 지속되면 안 된다. 서두르지는 말아야 한다.
- 우울함이 지속되어 예민한 상태이며 싫으면 얼굴에 표현이 된다.
- 자신의 내적인 변화를 인정하고 즐기는 방법을 찾아야 한다.
- 종교 생활을 하거나 즐거운 취미를 가져야 한다.
- 신비하고 사색적이며 아기자기한 성격이다.

좋은 카드가 함께 배열되면

- 위기를 모면하게 되며 상황이 조금씩 호조될 수 있다.
- 사전에 위험을 알게 되거나 오해가 풀려 불안이 해소 될 수도 있다.
- 긴 안목으로 볼 수 있게 되며, 불확실했던 것을 결심할 수 있게 된다.

XIX 태양(THE SUN)

키워드

광명의 신 아폴론, 은총, 축복, 최고점에 있는, 생명, 빛과 사랑, 찬란한 빛, 견고한, 성공적인, 목표를 달성하는 ↔ 의기소침, 생활 불안, 생산력 저하, 체력 부족이다.

상징

- 하나의 태양(완전체의 태양): 생명의 궁극적 상징, 결코 모습을 바꾸지 않는다. 완전한 완성이다.
- 여러 개의 해바라기: 독점하지 말고 공유해야 한다. 도움을 주는 협력자이다.
- 어린아이 휘장(담장): 아이를 보호하기 위한 담장 역할을 한다.
- 어린아이 두 팔: 미래의 약속을 껴안으려는 것, 삶의 선물이며 자신감 있다.
- 아이 얼굴 해바라기: 생명력 부여, 삶의 선물이며 실제로 가능한 일을 해내고 있다.
- 흰 말: 힘과 영혼의 순수함을 의미한다.
- 흰 말에 타고 있는 아이: 순수한 영혼이며 보호받는다. ↔ 아이의 안전사고를 조심하라.
- 태양 카드는 행성의 왕 태양과 불의 별자리 사자자리와 연결되어

있다.

성격

- 자신의 역량보다 더 큰일을 해내는 용기와 믿음이 있는 사람이다.
- 어린아이와 같이 순수한 사람이며 자유로움을 좋아하고 개방적이다.
- 활발하여 상대의 마음을 잘 알아주고 대인관계가 좋다.
- 오너 역할을 하고 리더십이 있으며 남자다움과 관대하고 권위가 있다.
- 그래서 남 밑에서 있기 힘들다.
- 남자는 여자 복, 여자는 남자 복이 있으며, 인덕이 있다.
- 태양 카드인 사람은 아무리 고생했다 하더라도 그 고생은 크지 않을 수 있다.
- 보살핌에 대한 감사함을 잊지 않고 살아야 한다.

어려운 카드가 함께 배열되면

- 체력이 부족하여, 활동력이 쇠약해질 수 있다.
- 생활이 불안하고 영속성이 없어질 수도 있다.
- 어떤 일이 취소되거나 생산력의 저하를 가져올 수도 있다.
- 만족하지 못하고 의기소침해질 수도 있다.

XX 심판(JUDGEMENT)

키워드

강력한 재탄생의 이미지 표현 부활, 결단력, 결정, 새로워짐, 평가, 계산과 청산의 시기, 알려 주는, 보상받는, 회복되는 ↔ 재기 불능, 채용되지 않음. 결정하지 못한다.

상징

- 가브리엘 천사: 부활과 재탄생, 통합 계시를 전하는 천사이다.
- 가브리엘 나팔 소리: 감춰졌던 진실이 밝혀진다(성경 구절 표현).
- 십자가 깃발: 봉사, 의료, 도움받지 못했던 것에서 도움받기 시작한다.
- 관에서 일어나 양손을 내뻗고 있는 인물: 부활, 즐겁게 축하하고 있다. 희망과 기회이다.
- 높이 있는 천사: 윗사람의 도움을 찾아라.
- 불고 있는 나팔: 새롭고 좋은 소식을 전한다.
- 나팔과 허리 아래가 없는 천사: 허풍쟁이다.

성격

- 옳고 그름의 판단이 바르고 정의로운 사람이다.

- 정의라고 생각하는 일을 알려야 한다고 생각하고 자신을 버릴 수 있는 사람이다.
- 구세주 콤플렉스가 있어 참진리를 밝혀 심판을 내려야 하거나 받아야 한다.
- 공정하지 않게 당한 사람이 있을 때 지나치지 않고 적극적으로 개입하게 된다.
- 직감이 강하고 통찰력이 있어 눈치가 백 단이다.
- 사물을 보는 시야가 넓고 상대의 무의식까지도 파악하는 예리함이 있다.
- 포근한 스타일이지만 본인이 해 놓은 결과에 대한 답을 얻으려 한다.
- 변화에 대한 준비와 결심과 결정을 해야 한다.
- 심판 카드는 행성에서 목성과 명왕성이 관련되어 있다.

어려운 카드가 함께 배열되면

- 어떤 것이 결정되지 않고 연기되거나 불리한 결정이 될 수 있다.
- 나쁜 소식이 있거나 채용되지 않을 수 있다.
- 회복되지 못하고 재기 불능이 될 수 있다.
- 재회하지 못하거나 헤어질 수 있다.

XXI 세계(THE WORLD)

키워드

완성, 목적 달성한, 성공, 안정성, 새로운 시작, 이동하는, 견고함, 안정성, 통합한, 완전한 만족 ↔ 미완성, 준비 부족, 미숙함, 도중하차, 끝났다.

상징

- 월계관 원: 바보의 여행은 여기서 끝을 맺습니다. 바보의 지혜와 경험은 이제 완벽하다. 빛나는 승리다. 여성의 자궁으로 표현된다.
- 천이 드리워져 있다(자주색 천): 완성을 추구하는 자연스런 흐름이며 신비하고 심오한 모습이다.
- 원 안의 여인(미의 여신 아프로디테): 여행이 끝난 것을 기뻐하고 여행의 완료와 새로운 시작을 위해 축하한다. 순수함이 보인다.
- 원 안 여인의 시선(내려다보는 시선): 행복과 기쁨을 나타낸다. 눈이 높은 여자다. 독신일 수 있다.
- 붉은색 매듭(원): 견고함, 끝마무리가 되었다.
- 천사, 독수리, 사자, 황소: 여러 가지 능력 많다. 보호 받는다.
- 우주의 4원소(세계의 구성): 시간의 순환적인 진행.

- 금발의 남자(風): 공기, 물병자리, 겨울, 검, 지성, 이성, 생각, 사고.

- 독수리(水): 컵, 전갈자리, 가을, 물, 느낌, 본능, 감정, 정서.
- 황소(地): 펜타클, 흙, 봄, 황소자리, 감각, 실용성.
- 사자(火): 지팡이, 불, 열정, 에너지, 직관, 영감.

세계 카드는 우주 만물의 4대 원소인 물병자리의 검과 전갈자리의 컵과 황소자리의 펜타클, 사자자리의 지팡이와 관련이 있으며, 행성에서는 태양과 관련되어 있다.

성격

- 보는 시야가 매우 넓어 통합적인 면이 있다.
- 어떠한 환경에도 완성을 이루고자 하는 사람이다.
- 끝까지 다 하려는 마음이 있어 완성을 꼭 하게 되고 정확하다(잔소리쟁이).
- 자신보다는 가족이 우선이며 충분히 할 수 있게 능동적으로 도와준다.
- 일할 때 확실하게 하나 바라는 게 많다.
- 나만의 세계가 강한 사람이며, 몽상가이기도 하다.
- 공주병, 왕자병이 있어 약간 튀기 좋아한다.

어려운 카드가 함께 배열되면

- 슬럼프에 빠지거나 계획이 성취되지 않을 수 있다.
- 준비 부족으로 인한 실패나 도중하차가 있을 수 있다.
- 어떤 일에서 미숙하거나 미완성이 될 수 있다.

3.
마이너 아르카나 카드 키워드, 상징

地(흙) 펜타클(Pentacles)의 특성
-우주 만물의 4대 원소, 봄, 황소자리

특성

- 풍요에서 빈곤까지를 보여 준다(정신적, 경제적, 물질적).
- 모험심과 많은 돈, 자기 가치를 나타내며, 보수적이다.
- 흙의 자연과 차분하면서 변하지 않는 고집이 있다.
- 동전 모양으로 두 개의 둥근 원 안에 별이 그려져 있다.
- 금전의 수입과 지출이 카드에 그대로 반영이 된다.
- 여성적, 이성적, 계산적이지만 여유로움과 안정을 원한다.
- MBTI 성격 유형은 감각(Sensing)이다.
- 건강은 소화계(비장, 위장, 피부, 근육, 비만)를 담당한다.
- 펜타클은 금성과 연관이 있고 책임, 안정의 토성과 연결되어 있다.

① 펜타클 ACE의 키워드, 상징

키워드

행운, 풍요, 만족, 경사, 환희, 새로운 시작, 첫 월급, 경제적 능력 ↔ 실망, 퇴보, 나쁜 지성, 만족이 되지 않는다.

상징

- 구름에서 나오는: 신의 은총, 신의 축복이 있다.
- 구름에서 나온 손의 펜타클: 풍요의 근원, 큰 수익, 목돈 들어옴. 호박이 넝쿨째 들어온다.
- 동전을 받든 손: 돈밖에 모른다. 모르게 도와줘야 한다.
- 아치문: 완성으로 향하는 문 ↔ 재정적인 손실, 돈이 샌다.
- 설산(영혼 속의 산): 완벽하다.

내담자가 돈 문제와 관련하여 상담할 때

- 중심 카드에는 에이스 카드가 나오면 나에게 다가오는 행운일 수도 있지만, 결과 카드에 검 Ⅲ번이 배열되면 돈 문제로 인해 실망하거나 상처 입을 수도 있다고 해석될 수 있다.
- 돈으로 인한 부의 악한 면이 일어날 수 있으며 실망이 클 수도 있다.

② 펜타클 II번의 키워드, 상징

키워드

실용적, 실제적, 따지는, 균형, 저울질, 양다리, 투잡 ↔ 불안정하다.

상징

- 두 개의 펜타클.
- 하나의 움직임은 다른 움직임을 풍요롭게 한다.
- 방앗간의 벨트처럼 함께 잘 돌아가야 한다.
- 속도 조절이 필요하다.
- 손재주로 돈을 벌어라.
- 두 개를 같이 할 때 생산적이다.

- 빨간 모자, 빨간 바지: 열정적, 크나큰 욕망이 있다.
- 배: 문서로 된 소식, 전갈을 받을 수 있다.
- 파도: 장애물, 동요, 고민이 있다.

펜타클 II가 금전 관계나 사업 문제에서 나올 때는 수입과 지출의 균형을 잘 잡고 수입과 지출의 관리를 잘하면서 시간을 두고 잘 지켜보며 해결해 나가야 한다.

어려운 카드가 함께 배열되면

- 즐거움이 가장되어 있으며, 장애물이 있을 수 있다.
- 동요되고 고민이 많고 강요된 잔치일 때도 있다.
- 갈등이 많으며 혼란의 뜻도 있다.

③ 펜타클 III번의 키워드, 상징

키워드

협력, 조화, 안정, 조언, 의뢰와 점검, 숙련의 기술, 전문기술이나 지식을 갖춘 사람, 도움을 주는 사람.

상징

- 성스러운 장소(흑백으로 되어 있다): 영적인 풍요가 있는 장소이다.
- 펜타클이 3개: 지혜가 있다. 합심해서 하면 된다.
- 사람 세 명: 동업해도 괜찮다. 다른 사람과 의논해도 된다. 조언을 받아 힘을 모으면 된다.
- 남성 2명, 여성 1명: 이성이나 동성이나 협상의 기술을 함께 배워야 한다.

펜타클 III은 모든 일이 미완성이고, 완성을 시켜야 하는 상황에서 전문가의 조언이 꼭 필요할 때 나오기도 한다.

어려운 카드가 함께 배열되면

- 일에서 숙련이 되지 않고 평범하지 못할 수 있다.
- 허약함이 있고 시시하거나 혹은 유치함이 있다.

④ 펜타클 Ⅳ번의 키워드, 상징

키워드

소유욕이 강한, 보수적인, 관리 능력이 있는, 상속받은, 잘 보관 ↔ 인색, 유산을 독식하는, 세금을 잘 내지 않는다.

상징

- 머리, 가슴, 발밑에 펜타클.

- 가진 것 잘 보관해야 한다.
- 선물, 유산, 상속일 수도 있다.
- 에너지나 현금에 투자하지 말아야 한다.
- 돈 욕심이 많으며 자수성가한 사람일 수 있다.
- 자신을 보호하려는 마음이 강하다.

- 분산된 돈: 자금을 분산하라.
- 땅에 더 많은 돈: 부동산 투자가 제일 유리하다.
- 뒤에 건물 배경: 부동산으로 성공한 사람이다. 부유하다.

어려운 카드가 함께 배열되면

- 마음이 불안하며, 일에 있어 지연되거나 대립이 될 수도 있다.

⑤ 펜타클 V번의 키워드, 상징

키워드

역경, 불확실성, 빈곤(영적, 경제적, 육체적, 정서적, 인간관계), 최악의 상황, 기회를 놓친, 고통스러운, 건강도 나쁜, 열악한 환경이다.

상징

- 창문의 펜타클: 신성의 높은 단계, 종교를 가지는 것이 좋다.
- 창문을 보지 않고 지나감: 절망적 외로움, 마음의 문을 닫고 열지 않는다.
- 남자 목 방울: 거지이며 도움을 원한다.
- 남자 다리 부상: 육체적 고통, 빈곤, 의지하고 싶다.
- 여자 맨발: 경제적 고통, 빈곤, 의지를 거부한다.
- 둘이 가지만 따로 간다: 정서적 빈곤, 모든 것의 빈곤을 말한다.

어려운 카드가 함께 배열되면

- 모든 것에서 벗어나 각자 살길을 도모해야 할 때, 많이 나오며, 적극적으로 주위를 돌아보고 둘러봐야 가까운 곳에서 도움이 나타날 수도 있다는 것을 알아야 한다.
- 혼란스럽고 파멸에 이르러 불화를 가져오게 할 수도 있다.

⑥ 펜타클 VI번의 키워드, 상징

키워드

분배, 공정한, 균형을 이루는, 배려하는, 기부하는, 베푸는, 빚을 갚는, 빚을 내는, 도움을 받는다.

상징

- 부유한 남자.

- 가족, 지인, 자산, 행운을 나타낸다.
- 귀인이나 나눔을 베푸는 사람이다.
- 존경하는 위치에 있으며 후원을 하는 사람일 수도 있다.
- 윗사람으로 대가를 지불할 수도 있다.

- 두 사람: 힘든 사람이다.
- 돈 나눠 줌: 분배한다. 빚을 갚거나 대출을 할 수도 있다.
- 저울: 공정하고 균형을 이룬다. 도움을 받은 만큼 도움을 준다.

어려운 카드가 함께 배열되면

- 욕망과 탐욕에 빠져 일수꾼의 모습일 수 있다.
- 환상에 사로잡혀 있으며 시기, 질투가 가득 차 있을 수 있다.

⑦ 펜타클 VII번의 키워드, 상징

키워드

성실한, 노력한, 사업적인, 평가와 숙고, 자기 성찰과 계획, 결과에 대한 고민이 있다.

상징

- 포도 넝쿨: 수확을 앞에 두고 있는 농작물일 수 있다.
- 일곱 개의 별: 보물, 결실, 노력으로 이룬 보상이다.
- 지켜보고 있음: 게으름, 방황, 잠시 멈춘 것이다. 버는 것보다 지키는 것 중요하다.
- 들고 있는 농기구: 기술이 있으며 사용할 수 있다. 부지런하다.

펜타클 VII번 카드가 나올 때

- 성실히 노력한 결과로 나타난 보상이나 결실일 수 있다.
- 너무 오랫동안 생각만 하지 말고 밀고 나아가야 한다는 의미이기도 하다.
- 모든 것은 지속적이었을 때 그 가치가 드러난다는 것일 수도 있다.

어려운 카드가 함께 배열되면

- 돈에 대한 걱정이 많을 수 있다.
- 언쟁, 말다툼으로 번질 수도 있다.

⑧ 펜타클 Ⅷ번의 키워드, 상징

키워드

성실한, 일에 대한 자부심, 손재주가 좋은, 규칙적인 수입, 부지런한, 새로운 프로젝트이다.

상징

- 펜타클을 만드는 사람: 그 분야의 장인, 기술자, 부지런하다.
- 펜타클을 만드는 일: 책임감, 장인 정신이 강하다.
- 망치질: 안전사고를 조심하라. 도구를 잘 관리해야 한다.
- 잔손이 많이 가는 직업: 초보 기술자, 잔일이 많다.
- 동전을 매달 자리가 없다: 사업 확장 필요하다.

펜타클 Ⅷ번 카드

- 부지런하고 꾸준히 성실하게 자기 일을 열심히 하는 사람이다. 본인의 기술이나 손재주로 일을 이루어 낼 때 많이 나온다고 볼 수 있다.
- 어려운 카드와 함께 나오면 기술 습득을 포기하거나 기초가 부실할 수 있다.
- 허영심과 탐욕으로 야망이 버려질 수도 있다.

- 빚 대신 강제 징수를 할 수도 있다.
- 성실하지 않아 애정을 포기해 버릴 수 있다.

⑨ 펜타클 IX번의 키워드, 상징

키워드

성공한, 독립적인, 풍요롭고 안정된, 도도함, 고독함, 혼자 즐기는 사람이다.

상징

- 새를 들고 있는 여성: 외로운 커리어우먼, 독립적이다. 신체적으로 혼자 있는 사람이다.
- 새: 훈련받은 새, 고독과 대비된다.
- 장갑을 낀 손목에 앉아 있는 새: 맹금류, 매사냥(상류 계층), 늘 준비하고 대기한다.
- 펜타클: 골드미스 같은 의미, 부유한, 성공한 여성.
- 자연환경: 자신의 공간 필요하다.

펜타클 IX번 카드가 나올 때

- 이 여성은 부유한 재력, 미모를 가지고 있어, 부러울 것이 없다. 풍요 속에서 오는 고독감 있을 때 취미로 매사냥하면서 혼자서 삶을 즐기고 있음을 나타내기도 한다.

어려운 카드가 함께 배열되면

- 그릇된 신념을 가지고 있어 사기나 기만의 행동이 올 수 있다.
- 일을 그르치거나 계획이 취소될 수도 있다.

⑩ 펜타클 X번의 키워드, 상징

키워드

행복한, 궁극적 풍요, 안정, 유산 상속, 우호적 분배, 다복한, 좋은 가문이다.

상징

- 큰 집: 풍요와 안정이 있다.
- 펜타클 많다: 물질, 정신적 풍요가 있다. 단체 조직의 우호적 분배이다.
- 3대(할아버지, 부부, 자녀): 가족 행복, 풍요와 정서적 안정, 유산 상속, 조상 덕, 어른을 모셔야 유산을 받는다.
- 개: 반려견, 충성심이 있다. ↔ 돈 때문에 가족 간의 갈등이 있을 수 있으니 조심해야 한다.
- 다채로운 배경: 다복하며 좋은 가문이고 물질적, 정서적 안정이 함께 있다.
- 여자의 적극적인 시선: 여자가 남자를 더 좋아한다.
- 남자 뒤의 많은 돈: 돈을 보고 사람을 좋아할 수도 있다.

어려운 카드가 함께 배열되면

- 어떤 기회를 놓쳐서 기회가 상실될 수 있다.
- 돈을 강탈당할 수도 있고, 위험한 유희라고 할 수 있다.
- 돈 때문에 가족 간의 갈등이나 참사가 있을 수도 있다.

水(물): 컵(Cup)의 특성

- 우주 만물의 4대 원소, 가을, 전갈자리

특성

- 인간관계에서 많이 나타나며, 이해, 부드러움이 있고, 여성적이다.
- 상상력이 풍부하며 감정과 관련된 모든 것을 나타낸다.
- 희망, 행복, 상실, 절망 등 모든 정서를 나타낸다.
- 행복부터 분노, 불행, 슬픔, 기쁨 등 모든 감정을 얘기한다.
- 컵은 사랑과 연애. 인간관계의 문제에 많이 반영될 수 있다.
- MBTI 성격 유형은 감정(Feeling)이다.
- 건강은 배설계(신장, 방광, 항문, 귀, 골수, 우울증)를 관장한다.
- 본능과 분위기를 지배하며, 상상력이 풍부하고 이상적이다.
- 현실감은 떨어진다.
- 컵은 여성적이며 감성적인 금성과 달이 연결되어 있다.

① 컵 ACE의 키워드, 상징

키워드

은총, 축복, 좋은 관계, 감성적인, 새로운 시작(성장), 사랑의 갈망, 감정의 시작, 기쁨이 넘치는, 기회를 잡는, 사랑하는, 임신 등이다.

상징

- 구름 속에서 나온 손: 영적인 가치, 신의 축복이다.
- 비둘기: 평화, 용서의 상징, 안정과 좋은 소식이다.
- 비둘기가 물고 온 것(성체): 선물, 은총, 축복, 사랑하는 사람, 임신일 수 있다.
- 내미는 컵: 사랑의 기회가 주어지는 것이다.
- W: 자궁(여성을 의미, 모성과 연관), 다산, 출산과 감정, 여성적인 세계와의 관계 ↔ 미스터리(M)이다.
- 연꽃이 자라는 물: 신비한 꽃이며 불교에 해당한다.
- 성체, 연꽃: 기도 잘하면 기도발이 먹힌다. 종교를 바꾸어도 괜찮다. 구원받는다.
- 다섯 갈래의 물줄기: 좋은 관계가 형성된다. 은총이 흘러넘친다.
- 넘쳐흐르는 물: 꽉 막힌 일이 해결된다. 아이디어가 샘솟는다. 감정

에 충실하라.

- 튀어 오르는 물방울: 은총이 있다(특별한 은총). 주위에서 도움을 준다.

어려운 카드가 함께 배열되면

- 불안정하고 대변혁이 있을 수도 있다.
- 만족이 아닌 돌연변이 상황이 될 수 있다.
- 진정한 애정의 기쁨이 아니고 거짓 애정이거나 거짓 애정 속의 가정이 될 수도 있다.

② 컵 II번의 키워드, 상징

키워드

화해, 치유, 결혼 약속, 계약, 서류 작성, 협력, 연합, 관계의 시작, 파트너, 나누는, 사랑하는, 신뢰한다.

상징

- 두 사람 남자(꽃관), 여자(월계수)가 잔 마주하며 서 있다: 결합, 결혼한다.
- 컵의 높이: 상대 눈높이에 맞추어라. 서로 간의 의견 소통이 이루어진다.
- 날개 달린 사자: 썩은 고기는 먹지 않는다. 청렴함, 정직함, 용맹함, 준수하다.
- 뱀 두 마리: 치유와 지혜이다. ↔ 거짓 사랑, 오해.

- 그리스 신화에 나오는 헤르메스 지팡이, 큰 병원의 히포크라테스 선서 위에 있는 모양이다(의학).

- 헤르메스 옷 무늬: 해외 정보에 신경 써라. 정보 교류를 나타내기도 한다.

어려운 카드가 함께 배열되면

- 신성한 사랑이 아닌 거짓 사랑이 될 수도 있다.
- 어리석음으로 인한 오해를 가져올 수 있다.

③ 컵 III번의 키워드, 상징

키워드

풍요, 행복, 기쁨, 위한, 치유, 즐기는, 축하하는, 축배를 드는, 축제, 완성 ↔ 진지하지 못한, 삼각관계, 종결, 원정, 멀리 간다.

상징

- 피로연: 함께하는 기쁨, 약혼의 기쁨, 결혼의 기쁨, 탄생의 소식, 즐거운 파티 분위기, 축하한다.
- 친구 3명(여자): 여자 친구들의 가치, 사랑, 여자 친구들의 특별한 관계 ↔ 동업은 동성끼리 해야 한다. 친구에게 애인을 소개하면 깨질 수도 있다.
- 춤을 추고 있다: 친구 화해, 우정과 좋은 시절, 특별한 축하의 모습이다.
- 땅에 과일: 풍요로우며 좋은 결과의 수확물이다.

어려운 카드가 함께 배열되면

- 진지하지 못한 삼각관계가 되거나 멀리 가 버리는 상황일 수 있다.
- 모든 것이 끝나게 되어 버릴 수 있다.

④ 컵 IV번의 키워드, 상징

키워드

낙담, 관심 없다, 활기 상실, 미련을 갖는, 지루한, 불만스러운, 권태기, 태만 ↔ 지금으로 만족하는, 생각하는 ↔ 새로운 관계나 새로운 가르침이 올 수 있다.

상징

- 컵만 바라보고 있다: 시들하다. 인간관계 재미없다. 별 관심 없다. 그냥 현재로 만족한다.
- 팔짱 끼고 있는 모습: 방어적, 부담감, 본인의 의지가 없다. 수용하지 않으려는 경계심이 있다. 실망감을 느껴 해결이 장기화될 수도 있다.
- 보리수나무 아래 부처 모습: 자기 통제 능력 뛰어나다. 유혹에 넘어가지 않는다. 수행하고 있다.
- 구름에서 나온 손의 컵: 새로운 기회가 올 수도 있다. 느낌 있다(feel이 온다). 주위를 둘러보아야 한다.

어려운 카드가 함께 배열되면

- 좋은 기회를 놓치고 있다.

좋은 카드가 함께 배열되면

- 새로운 관계나 새로운 가르침이 오거나 직관력이 발달하여 진기한 일이 있을 수 있다.

⑤ 컵 V번의 키워드, 상징

키워드

슬픔, 상실, 사별, 이혼, 뒤통수, 비탄, 부분적 손실, 실망스러운, 미련을 갖는, 과거에 집착한다, 우울, 좌절이 있다.

상징

- 긴 망토 속으로 얼굴을 감추고 있다: 혼자서만 끙끙 앓는 문제 생길 수도 있다.
- 쓰러진 세 개의 컵: 심한 배신감이나 실망감, 어떤 변화가 절망으로 다가왔을 때도 있다.
- 검은 옷: 주변에 상복 입은 사람 생길 수도 있다. 고독하고 슬퍼 보이고 쓸쓸하다.
- 세워져 있는 두 개의 컵: 새로운 관계, 소식, 귀환한다.
- 돌아보라: 지켜야 할 사랑이나 행복이 있을 수 있다.

좋은 카드가 함께 배열되면

- 좋은 소식이 있거나 호감을 보이는 사람이 있을 수 있다.
- 친족이나 주변에 좋은 관계가 형성될 수 있다.

⑥ 컵 VI번의 키워드, 상징

키워드

영혼, 회상, 정겨운 느낌, 단순함, 순진무구함, 추억하는, 과거와 관련된, 동심, 어릴 적 추억이다.

상징

- 옛날 친구를 만난다.
  - 도움 주는 느낌이다.
  - 옛날엔, 과거엔, 어린 시절을 추억하며 좋았던 과거를 그리워한다.
  - 새로운 관계의 성립(과거와 관련된)

  → 지식, 환경, 구역, 미래 등이 있다.
- 어린아이 둘: 통합과 어릴 적의 추억 회상하며 정겨운 느낌이다. ↔ 애 취급하면서 잔소리하지 마라.
- 집 옆 창을 든 남자: 주변에 아직 위험이 도사릴 수 있다.
- 시골 풍경: 순진무구함, 단순함이 있다.

좋은 카드가 함께 배열되면

- 미래에는 더 나은 부흥이 기다리고 있을 수도 있다.
- 오래 지나지 않아 지나갈 것들이다.

⑦ 컵 Ⅶ번의 키워드, 상징

키워드

선택의 기로, 혼란스러운 상태, 우유부단한, 뜬구름 잡는, 현실성이 없는, 유혹해오는, 환상에 사로잡힌, 실속이 없다.

상징

- 컵 Ⅶ번 카드가 나왔을 때는 어떤 상황에서든 위험을 감수해야 하고 도피하지 말아야 한다. 우유부단한 태도를 명확하게 할 필요가 있다.
- 7개의 컵에는 각기 다른 상징이 있다.

- 첫 번째 사람: 관계를 중시.
- 두 번째 컵 그림자: 영혼.
- 세 번째 컵 뱀: 지혜로움, 부활, 염원 ↔ 사악함, 유혹.
- 네 번째 컵 성: 안정.
- 다섯 번째 보석: 보석, 돈의 가치(경제력).
- 여섯 번째 월계관: 명예 중시 ↔ 불명예.
- 일곱 번째 파충류: 위험.

- 구름을 타고 온 물건들: 해외 명품이나 골동품 취급하는 사업은 별로다.
- 구름의 성물들: 무속용품 사업이 좋다.

좋은 카드가 함께 배열되면

- 어떤 일에서 계획이 분명히 서고 욕망이 생길 수 있다.
- 의지가 강해지고 결단력이 있을 수 있다.

⑧ 컵 Ⅷ번의 키워드, 상징

키워드

슬픈, 포기하는, 양보하는, 희생하는, 정리하고 과감히 가다. 정리, 휴식, 은둔 ↔ 명예, 중용, 커다란 기쁨, 행복(좋은 카드와 배열 시)이다.

상징

- 개기일식: 지구, 달, 태양의 결합, 일직선으로 정렬되어 있다(제3자에 해당될 수 있다).
- 달이 태양을 가리는 과정: 여자가 남자를 힘들게 한다.
- 어둡다: 원하는 것을 어둠이 가리고 있다.
- 떠나는 모습.

- 어떤 상황이 모든 것을 포기하고 이동하게 만드는 것이다.
- 어떤 상황과 이유에 의해서 미루거나 양보한다(희생일 수 있다).
- 사랑하는 사람이나 가족에 대한 책임이 우선일 수도 있다.
- 세상을 등지고 종교에 귀의할 수도 있다.

- 쌓아 놓은 컵: 스스로 포기하거나 떠나는 척만 할 수도 있다.
- 상담하던 중에 카드 배열에서 대기업 매니저인 여성의 카드로 컵 Ⅷ번 나옴: 직장에서 인정받고 원하는 직책에도 있었지만 임신으로 어

쩔 수 없이 휴직하는 게 낫다고 생각, 나중에는 휴직이 가족과 본인한테 많이 도움이 되었다고 한다.

좋은 카드가 함께 배열되면

- 아직 열정이 남아 있어 성공할 때까지 노력해야 할 때 나올 수가 있다.
- 남아 있는 미련을 버리면 오히려 홀가분할 수도 있다.

⑨ 컵 IX번의 키워드, 상징

키워드

소망, 자기만 만족하는, 믿음직한, 성공한, 풍요로운, 고급스러운, 듬직한, 이해심이 있다.

상징

• 뚱뚱한 사람이 팔짱 끼고 앉아 있다.

- 스스로 자기만족하고 있다.
- 많은 것을 가진 사람의 여유가 있다.
- 이상에 대한 본인의 추구와 일치한다.
- 이상에 대한 만족감이다.
- 구경만 하고 적극적이지는 않다.

• 컵 9개: 실전 경험이나 경력이 많다.

- 뒷배경을 너무 믿는다.
- 컵을 이성으로 볼 때는 이성이 많다.
- 이루어 놓은 실적, 기대에 부응하고 있다.
- 거만하게 보이지 않도록 신경 써야 한다.

어려운 카드가 함께 배열되면

• 자유로울 수는 있으나 실수나 불완전함으로 이어질 수 있다.

⑩ 컵 X번의 키워드, 상징

키워드

행복, 성공한, 안정감, 소망, 성취, 궁극적 만족(모두의), 가정적인, 사랑이 가득한, 전원생활을 한다.

상징

- 무지개 속에서 컵들이 나타남.

- 성공, 성취, 행복한, 안정, 희망을 보고 살아야 한다.
- 축복이 함께하고 있다.

↔ 현실성이 없다. 현실을 세부적으로 점검해야 한다.

- 부부, 자녀 함께한 모습: 가족 행복과 함께 사는 것에 깊은 만족감이 있다. 안정감이 있고 평화스럽다.
- 즐거워하는 아이들: 아이들에게 시골이 특히 좋다. 아이들 먼저 생각해라.
- 시골 배경: 전원생활이나 시골로 이사 가는 것도 좋다.
- 풍경 좋은 땅: 앞으로 더욱 좋아지고 가치가 있는 땅이다.

어려운 카드가 함께 배열되면

- 만족의 상태가 아닌 불만족 상황이 될 수도 있다.
- 현실성이 전혀 없고 분개한 상태가 될 수 있다.

火(지팡이):지팡이(Wands)의 특성

- 우주 만물의 4대 원소, 여름, 사자자리

특성

- 불의 원소로 열정이 강하고 성취(직업적 성취) 욕구가 있으며 따뜻함이 있다.
- 모험심이 강하고 활동적이며 남성적이다.
- 진보적이고 도전적이며 불같은 성격이다.
- 창조 욕구와 역동적인 에너지가 있고, 통찰 능력의 뛰어남이 있다.
- 진취적이며 긍정적 에너지가 흐르고 있다.
- 지팡이는 직업이나 일에서 많이 나오기도 한다.
- 일에서나 다른 용도의 도구로 사용되기도 한다.
- MBTI 유형은 직관(Intuition)을 지배한다.
- 건강은 순환계(심장, 소장, 간장, 두통, 치매, 뇌졸중)를 지배한다.
- 지팡이는 화성과 목성의 행성으로 연결되어 있다.

① 지팡이 ACE의 키워드, 상징

키워드

새로운 시작, 기회, 자신감 넘치는, 주도적인, 창의력이 뛰어난, 모험심이 강한, 행동으로 한다.

상징

- 구름 속에서 나온 손: 도움을 주는 손길이다.
- 우뚝 선 지팡이: 새로운 시작, 일의 시작이다. 꽂기만 하면 당선이다. 대의명분을 세워야 한다.
- 지팡이에 달린 잎: 생기 있는, 희망과 활력, 남성의 힘을 나타낸다.
- 지팡이를 쥔 손: 자신이 넘치고 과감히 모험을 감행한다. 주도적인 행동으로 남성성을 보여 준다. 자기 마음대로 주무른다.
- 멀리 보이는 성: 안정감이 있다. 갈 곳이 있다.

어려운 카드가 함께 배열되면

- 어떤 일의 경우 제대로 되지 않고 추락하며 파멸로 이끌 수도 있다.
- 진정한 힘의 원천이 아닌 맑지 않은 기쁨이 될 수도 있다.

② 지팡이 II번의 키워드, 상징

키워드

장엄한, 계획하는, 모험적인, 선택과 딜레마, 감동, 부, 행운, 새로운 계획, 야망, 목표를 세우는 ↔ 근심, 두려움, 놀란다.

상징

- 성 위에 서서 내가 갈 수 있는 두 갈래 길.

- 선택과 딜레마.
- 그대로 머무는 것과 이동하는 것의 두 마음이다.

- 두 개 중 한 개 고정: 도전을 심사숙고한다. 둘 중 하나는 변화 불가능하다.
- 성을 나가 성 위에 서 있음: 사랑보다 일을 선택한다.
- 왼쪽을 잡음(백합, 장미, 십자 모양).

- 신의 암시, 신의 축복이 함께하고 있다.
- 행운, 감동의 마음이다.
- 마음은 걱정이 되지만 걱정 안 해도 된다.

- 오른손 지구본: 세계를 보고 큰일을 계획한다. 모험을 즐기고 호기심이 가득하다.
- 반 정도 돌아선 자세: 마음이 반 정도 돌아선 상태이다.

③ 지팡이 III번의 키워드, 상징

키워드

심사숙고, 더 큰 거래, 더 큰 도전, 동경, 그리워하는 마음, 또 다른 계획(장기적인), 영업력 있다.

상징

- 성을 나와 높은 곳에 올라가 있는 모습: 관망하면서 심사숙고를 하고 있다.
- 배를 지켜봄: 새로운 계획, 더 큰 거래를 한다. 자신의 길을 가기 위하여 생각에 잠겨 있다.
- 황하강 바라본다: 거래, 통상, 무역을 준비하고 출발하려는 모습이다.
- 고정된 지팡이 2개: 3개 중 2개는 변화 불가능하다.
- 완전히 돌아선 모습: 안주하지 않고 또 다른 도전을 한다. 마음이 완전히 돌아선 상태다.
- 보이지 않는 손(왼손): 오른손이 한 일을 왼손이 모르게 하라.

어려운 카드가 함께 배열되면

- 어떤 문제가 제대로 되지 않고 종결이 될 수 있다.
- 일을 할 때 실망이 되고 역경이 있을 수 있다.

④ 지팡이 IV번의 키워드, 상징

키워드

풍요로움, 결혼, 동거, 어떤 종류의 재결합, 행복한 결혼, 경사가 난, 안정된, 승리한, 축제, 사랑의 완성, 주변 사람들의 환영 ↔ 의미는 변하지 않는다.

상징

- 주인공 뒤의 성.

- 안정과 번영을 의미한다.
- 안전한 곳이며 보호가 되는 곳이다.
- 축제를 즐기며 축제가 있는 곳이다.

- 지팡이로 된 네 기둥: 고정된 안정성이 있다. 의지가 되어 든든함이 있다.
- 환영을 위해 나온 사람들: 경사가 있고 축제이다. 주위의 도움이 많았다. 가족의 행사일 수 있다.
- 주요 인물 두 사람: 결혼으로 행복해 보인다. 들뜨고 즐겁다.
- 현수막 같은 꽃 넝쿨.

- 결승점이 보인다.
- 좋은 일이 생긴다.
- 가족에게 기쁜 행사가 있다.
- 풍요로움이 가득하다.

- 성의 주변 환경: 따뜻함과 평화로움이 있고 즐거움을 동반하고 있다.

⑤ 지팡이 V번의 키워드, 상징

키워드

분열과 다툼, 사소한 말썽, 이해관계, 작은 경쟁, 소란스러운, 서로 얽힌, 갈등, 경쟁, 성가신 일 ↔ 스포츠를 하는 모습, 소송, 논쟁, 속임수, 모순이다.

상징

• 여러 명이 지팡이 휘두름.

- 갈등과 경쟁을 나타낸다.
- 치열한 싸움은 아니고 지나가는 싸움일 수 있다.
- 중재자가 필요하며 중재자는 외부인이어야 한다.

• 사람 여러 명 뒤엉켜 있다.

- 마음이 불안정하고 불평, 불만이 많이 있을 수 있다.
- 그곳에서 나와야 문제가 해결되며 문제의 원인은 모두에게 있다.
- 아이들의 싸움이나 왕따를 당할 때 많이 나온다.

지팡이 V번 카드는 직장에서 집중이 안 되고 불평, 불만이 많다거나 시험 볼 때 작은 경쟁이 있어 신경 쓰이고 안정이 안 되었을 때 많이 나오니 심호흡을 하면서 마음의 안정을 스스로 찾아야 한다.

⑥ 지팡이 VI번의 키워드, 상징

키워드

성공, 희망, 풍년, 승리한, 희소식, 출세한, 목적을 달성한, 자신감 넘친다.

상징

- 소망의 월계관: 금의환향한다. 출세한다. 명예스럽다.
- 두 개의 월계관: 인정을 받는 영광이며 성취 ↔ 남의 업적을 가로챈다.
- 월계관으로 장식된 지팡이를 든 사람: 하인이나 보좌하는 사람이다.
- 뒤에 사람들: 다른 사람의 지원이 있었다. 이성을 몰고 다닌다.
- 타고 있는 흰 말: 순수하면서 말을 잘 듣는 말이다.
- 말의 안장: 초록의 평화와 안정을 나타낸다. ↔ 트로이 목마처럼 숨은 적을 조심해야 할 수도 있다.
- 말을 탄 기사: 대중을 이끄는 리더이면서 당당함이 있다.
- 지팡이 VI번 카드가 결과 카드로 나오면 대부분은 큰 보상과 함께 오는 승리, 번창을 의미할 수 있다.

어려운 카드가 함께 배열되면

- 우려의 마음이 크고, 적이 문 앞에 와 있는 듯한 두려움이 있을 수

있다.

- 충실하지 못하고 배반으로 이어질 수 있다.

⑦ 지팡이 Ⅶ번의 키워드, 상징

키워드

방어, 용기, 용맹, 버티는, 끈기 있는, 일당백, 의지가 강한, 인내하는, 굴복하지 않는다. ↔ 걱정이 생기거나 곤란하거나 당황스러움이 있다.

상징

- 지팡이 휘두르고 있다.

- 공격을 막아낸다(성취).
- 힘보다는 술수나 꾀로 해결하는 것이 나을 수 있다.

- 여섯 개의 지팡이가 아래서 들어 올려지고 있다.

- 예기치 않은 공격일 수 있다.
- 토론이나 언쟁. 경쟁이 있을 때도 많이 나온다.
- 아랫사람을 조심해야 한다.
- 하체를 조심해야 한다.

- 공격 막아내고 있는 모습.

- 끈기 있게 버티고 있다.
- 의지가 강해서 머리를 질끈 동여매고 방어하고 있다. 사업에서는 협상, 교역, 무역 전쟁 등 입지를 다지기 위해 안간힘을 쓰고 있을 때 나오기도 한다.

지팡이 VII번 카드는 직장에서나 학교에서 언쟁, 토론 등 문제 발생 시에 정당하다는 것을 확인하기 위해 강한 의지가 반영되어 방어적인 본능이 나올 때 나오기도 한다.

⑧ 지팡이 Ⅷ번의 키워드, 상징

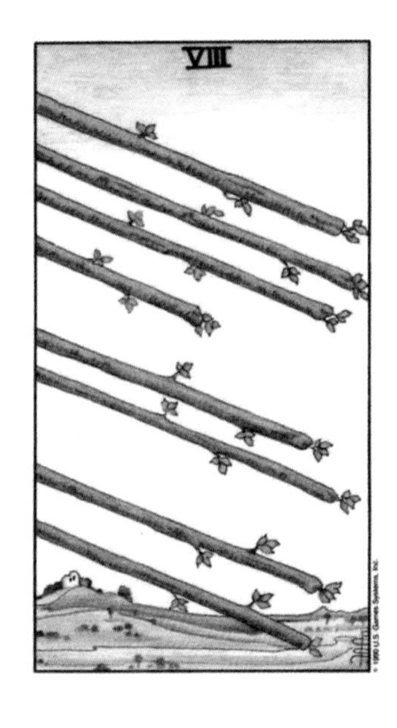

키워드

빠른 이동, 전진, 성공과 만족, 풍년, 합격, 힘이 솟는, 성급한, 갑작스런 일이 생긴다.

상징

• 배에 지팡이 한꺼번에 실려 나아가고 있다.

- 다 지나가고 잘 풀릴 것이다.
- 사업에서의 활약이 커지고 신속함으로 큰 희망이 있을 것이다.

• 빠른 속도의 움직임.

- 한 번에 쏟아부어야 효과가 있다.
- 긍정적인 변화를 가져올 소식을 기다리는 상황일 수 있다.
- 침체에서 벗어나 빨리 움직여야 한다.

어려운 카드가 함께 배열되면

• 아래로 향한 막대기.

- 질투의 화살이 될 수 있고 내부의 분쟁일 수 있다.
- 양심의 가책이나 말다툼일 수 있다.
- 마른하늘에 날벼락처럼 갑자기 일이 생길 수 있다.

- 꾸중이나 질책을 받을 수도 있다.

- 윗사람의 질책이 쏟아질 수도 있다.

⑨ 지팡이 IX번의 키워드, 상징

키워드

대항하는 힘, 기다림, 지연, 싸움에 지친, 피곤한, 대비하는, 휴식하는, 방어하는, 인내심이 필요한, 안전하지 않다. ↔ 장애물, 역경, 재난. 몹시 지치고 피곤함에 쌓여 있다. 극도의 난관과 스트레스다.

상징

- 머리에 붕대 감고 있다: 머리를 다쳤거나 스트레스를 받고 있다.
- 들고 있는 마지막 한 개 지팡이: 대항하는 힘이며 무기이다. 줄지 말지 망설이고 있다.
- 지팡이에 의지하고 서 있다: 기다림(약간의 휴식기 후)과 경계하며 의지하고 있다. 자신을 지탱하는 무기가 될 수도 있다.
- 8개의 지팡이는 장벽을 이루듯이 땅바닥에 박혀 있다.

- 호된 시련이나 인내의 시험 한가운데 있을 때다.
- 일이 지연되거나 결정이 되지 않아서 회의를 쉬고 있다.
- 스스로 고립되어 있을 수도 있다.
- 보호를 받을수록 약해질 수 있다.

- 고개 숙이지 않고 꼿꼿이 서 있는 남자: 상처 입었더라도 싸울 준비가 되어 있다.
- 들쑥날쑥한 지팡이: 아무리 꼼꼼해도 빈틈이 있다.

⑩ 지팡이 X번의 키워드, 상징

키워드

전환점, 도움을 청하다, 책임감, 과도한 욕망, 과중한 업무, 힘에 부치는, 역부족한, 시련 ↔ 반대에 부딪히거나, 난관이 있고 음모일 수 있다.

상징

• 열 개의 지팡이를 든 남자.

- 절대로 포기하는 사람이 아니다.
- 스트레스와 싸우고 있다(압박 또는 성공일 수 있다.)
- 전문가의 도움이 필요하다.
- 참으면 더 큰 시련이 터진다.
- 혼자서 해결하려 하지 말아야 한다.
- 성적 불만이 크다.
- 과도한 업무량과 과도한 책임감으로 혼자 벅차다.

• 보이는 집: 안식처이자 목표일 수 있다.

• 지팡이를 든 남자: 정직하고 완벽에 가까운 사람이다. 희생하며 스스로 해결하려 한다. 일에 욕심이 많은 사람이다.

지팡이 X번 카드는 욕심을 덜 가지면 과도한 업무에서 해방되니 주위를 잘 둘러보고 도움이 필요하면 요청해서 스스로 버거움에서 벗어나야 한다는 의미다.

風(검):검(Swords)의 특성

- 우주 만물의 4대 원소, 겨울 물병자리

특성

- 공기의 원소를 나타내고 현실적인 감정과 상황이 그대로 나타난다.
- 의지가 강하고 사고력이 높으며 지성적이고 이성적이다.
- 논리적이고 원칙적, 분석적이며 판단력이 높다.
- 민첩하고 총명하여 지적이다.
- 다재다능하며 호기심이 많다.
- 말재주가 뛰어나고 설득력이 좋은 편이다.
- 남성의 상징이며 힘이 있고 용감성이 나타난다.
- 컴퓨터와 기술, 날카로움이 있다.
- 검은 즉각적인 힘으로 보일 수 있다.
- 정서적인 상처를 받으며 냉혹한 고통을 의미한다.
- 관계의 갈등, 고통과 번뇌, 노여움, 언짢은 감정들을 나타내며 어려운 카드이다.
- MBTI 유형은 사고, 생각(Thinking)이다.
- 건강은 호흡계를 관장하며 폐, 기관지, 코 신경증, 정신질환, 뼈와 관련이 있다.
- 검은 수성, 화성과 관련되어 있다.

① 검 ACE의 키워드, 상징

키워드

성공 가능성, 기회, 도전, 신선한 충격, 명예를 쫓는, 승리한, 강한 목적의식, 이성적인, 탁월한 리더십, 투쟁적인 ↔ 비참한 승리이거나 소송이 진행 중일 수 있다.

상징

- 검: 진실과 정의의 검이다. 컴퓨터와 기술, 인터넷 사업을 나타낸다.
- 왕관: 왼쪽 올리브, 오른쪽 월계수 → 승리와 정복을 나타낸다.
- 왕관 중앙의 검: 중심에 서게 된다.
- 왕관을 관통한 검: 정곡을 찌른다. 심장부를 노린다.
- 노란 점들: 특별한 은총 ↔ 불길함을 상징하기도 하지만 희박하다.
- 구름에서 나온 손: 신의 축복이 있다. 신의 은총이 있다. 주도권이 있고 통솔력이 있다.

② 검 II번의 키워드, 상징

키워드

방어, 인내, 선택 암시, 우유부단한, 갈등하는, 무의식, 답답한, 불확실한, 폐쇄적인, 균형 잡힌, 편견과 선입견을 나타낸다.

상징

- 검 두 개 X자형.

- 방어하면서 자기 보호하고 있다. ↔ 받아 줄 때는 손을 벌리고(좋은 카드와 나오면) 펼친다. → 용기, 우정, 애정, 친밀함(스킨십)일 수 있다.

- 어쩔 줄 몰라 힘들어하는 상황이다.

- 수동적 자세이다.

- 지금은 공격하지 말고 수비하고 기다려야 한다.

- 갈등을 만들지 않아야 한다.

- 2개의 검: 적이 둘이다. 선택하기가 힘들다. 두 가지의 일이나 양다리일 수 있다.

- 가린 눈

- 상대의 말을 신경 써야 한다.

- 정신적인 힘으로 싸워야 한다.

- 희생을 각오한다.

- 바닷가 배경: 배수의 진을 치고 있다. 무의식 속의 긴장감이 있다.

③ 검 Ⅲ번의 키워드, 상징

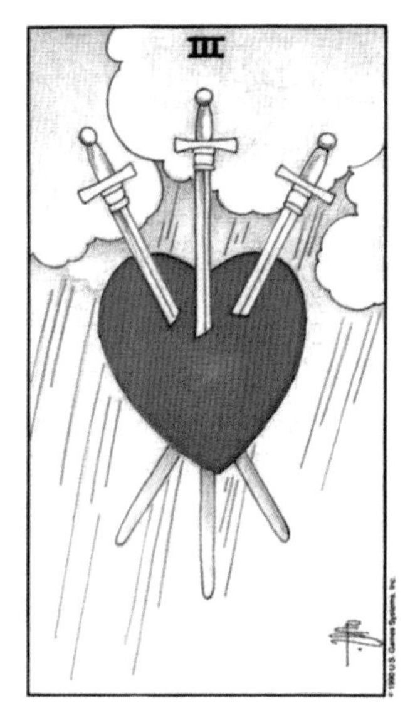

키워드

마음의 상처, 슬픔, 상실, 아픔, 고통, 혼동, 분산, 손실을 입은, 분리와 파괴, 이별, 파경, 정신적 소외감이 있다.

상징

- 세 개의 검이 심장 관통하다: 마음이 죽었다. 마음의 상처를 입었다. 삼각관계로 인한 슬픔일 수 있다.
- 구름이 끼어 있고 비가 내리고 있다: 태양이 나오기를 기다려야 한다. 아픔을 정화시키거나 승화해야 한다.
- 세 개의 검: 상처를 곱씹는다. 똑같은 아픔을 반복한다. 삼각관계일 수 있다.
- 검이 심장 적중: 치명상을 입힌다. 비수를 꽂고 있다.
- 아직 뽑히지 않은 검: 혼자 있게 내버려 둬라. 엄청나게 큰 대수술 중일 수도 있다.

④ 검 IV번의 키워드, 상징

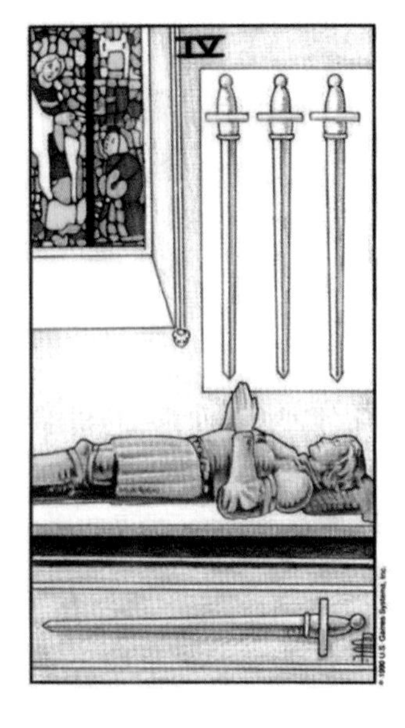

키워드

회복, 신체적 회복, 정서적 치유의 시간, 고민하는, 휴식하는, 염원하는, 은둔, 격리되는, 유언을 준비한다.

상징

- 창문 무늬: 신의 보호와 은총이 있다. 보호를 받을 수 있는 곳이다.
- 창문의 금 그어진 선 속의 사람들: 서로 간에 소통이 잘되어야 한다. 부인과 자식의 불화가 있을 수 있다.
- 꼼짝 안 하고 회복을 기다리고 있는 사람.

- 병으로부터의 회복을 기다리고 있다.
- 은둔자의 휴식으로 가족을 그리워한다.
- 이혼을 후회하며 마음을 다스리는 중일 수도 있다.

- 세 개의 검 매달려 있고 그 옆에 놓인 하나의 검: 경계와 전략의 매우 중요한 검일 수 있다.
- 검 3개가 아래를 향함: 주가나 부동산이 하락한다.

좋은 카드가 함께 배열되면

- 현명한 운영으로 용의주도함이 나타날 수 있다.
- 모든 것을 절약하고 조심하는 상황일 수 있다.

⑤ 검 V번의 키워드, 상징

키워드

패배, 조언, 경고(모든 것의), 무의미한 승리, 실패한, 빼앗긴, 망신당한, 배신, 야비한, 소외됨을 의미한다.

상징

- 세 자루의 검과 의기양양한 비웃는 표정.
  - 비웃는 승자이며, 역지사지 마음이 필요하다.
  - 이겼다고 방심하지 마라.
  - 무의미한 승리가 될 수 있어 싸움에 끼어들지 않는 것이 좋다.
- 다른 두 자루는 바닥에 놓여 있는 상태: 두 사람이 패자이다. 강력한 힘과 능력이 비참해진 상황이다.
- 승자의 검은 3개로 더 많다: 많이 가진 자가 이긴다고 할 수는 있다. 비열함과 배신으로 도덕적이지는 않다.

검 V번 카드는 심각한 다툼으로 인한 정신적, 육체적으로 많은 힘이 들 때 나온다.

⑥ 검 VI번의 키워드, 상징

키워드

여행, 자기 발전 향상, 선언, 자백, 이동, 힘들게 가는, 한배를 탄, 극복해 가는, 어렵게 이동하는, 포기하지 않는다.

좋은 카드가 함께 배열되면

- ↔ 어떤 선언, 자백, 사랑 고백, 공공성이 있다.

상징

- 어스름한 오후 늦게 이동(여행): 여행이나 더 나은 자리로의 이동이 조용히 일어나고 있다. 더 나은 곳으로 간다면 치유될 것이다.
- 나룻배를 타고 강을 건너는 모습: 슬픔 치유나 슬픈 사연으로 살아갈 수밖에 없다. 가족과 장기간 이별해야 하는 상황일 수도 있다.
- 몸을 구부린 여인과 아이: 위태로운 배를 타고 장례식 참석이나 이동 중이다.
- 위태로운 배와 노력하는 남자: 힘들지만 믿어야 한다. 현재는 불만이 있어도 참아야 한다.
- 검이 꽂힌 위치: 앞쪽 혹은 우두머리에게 문제가 있다. 천천히 진행해야 한다.

- 배가 수술대: 낙태 수술을 하거나 수술을 할 일이 있을 때 나오기도 한다.

⑦ 검 Ⅶ번의 키워드, 상징

키워드

패배(Ⅴ번과는 다른), 도주(상황을 피해 도망가는), 경솔한 계획, 자만심, 비밀스러운 적, 비겁한 계략, 간교한, 양심의 가책.

상징

- 도둑처럼 훔쳐가는 남자.

- 잔꾀가 있다.

- 광대 같은 주인공이며 쇼일 뿐이다.

- 비밀스러운 적일 수도 있다.

- 남자가 훔친 검.

- 남의 물건이며 도둑질한 검이다.

- 무모한 계획이다.

- 남겨진 두 개의 검.

- 경솔하고 단호한 마음이 전혀 없다.

- 다시 한번 올 일이 있다.

- 머리에 쓴 모자, 빨간 신발.

- 생각도 않고 발만 바쁘다.

- 나를 돌아보아야 한다.

- 살금살금 가고 있다: 수상쩍고 비겁하다.

- 칼날을 잡고 있다.

- 위험하다. 남의 것을 욕심내면 오히려 화가 된다.
- 이동 중에 문제가 생긴다. 자기 덫에 자기가 걸린다.

검 Ⅶ번 카드는 비열한 사람이나 수단, 방법을 가리지 않는 사람한테 많이 나오는데, 인과응보의 대가를 치르거나 배신을 당하기 쉬운 카드이며, 뭔가 흘리고 다니거나 돌아보아야 할 필요가 있을 때 나온다.

좋은 카드가 함께 배열되면

- 좋은 충고를 받거나 어떤 가르침일 수 있다.
- 수다스러울지라도 조언으로 받아들여야 할 수도 있다.

⑧ 검 Ⅷ번의 키워드, 상징

키워드

무력감, 위기, 힘에 대한, 선택의 여지, 구속된, 사면초가, 용기가 부족한, 쌓여 있는 불만과 스트레스, 의지가 부족하다.

상징

- 여자 뒤에 꽂혀 있는 8개의 검: 강박관념과 엄청난 스트레스.
- 눈이 가려지고 묶여 있는 여자.

- 자신의 힘을 과소평가하고 있다.
- 주변에서 도와줘야 한다.
- 자신의 앞가림을 하지 못하고 용기 부족하다.

- 물 빠진 바닷가: 선택의 여지가 있다.
- 포기한 듯한 여자: 고통에 길들여져 있다.
- 멀리 보이는 섬: 가정과 단절되어 있다.
- 많은 검: 수술 횟수로 해석, 전신 성형했을 경우 많이 나온다.
- 검 Ⅱ번 카드와 검 Ⅷ번이 같이 나오면 무력감이 더 강하다.

좋은 카드가 함께 나올지라도

- 마음에 동요가 있으며 예측하지 못한 어떤 역경, 반대, 사고, 배반이 있을 수 있어 조심해야 할 수도 있다.

⑨ 검 IX번의 키워드, 상징

키워드

근심, 불면증, 절망감, 정신적 고통, 편집증, 공황장애, 깊은 불안, 깊은 두려움, 우울증, 병실에 입원하는, 고통이 끝나가는 ↔ 의심이 있거나 수치스럽고 감금이 되거나 공포심이 있다.

상징

- 침대에 앉아 있는 사람: 내면의 고통이 있다. 도움을 줄 수 없는 상황이다.
- 칼이 많다(검 9개).

- 생각이 많다.
- 다른 곳으로 이동하는 것이 좋을 수도 있다.
- 여러 차례의 수술을 했거나 할 수도 있다.

- 잠을 이루지 못하고 있다: 불면증이 있다. 집에 수맥이 흐른다.
- 이불, 빨간 무늬(행성과 별자리 무늬): 신의 보호가 있다(그냥 이불 덮고 자면 된다).
- 하반신에만 있는 이불: 여성의 하반신과 관련된 질병일 수 있다.

⑩ 검 X번의 키워드, 상징

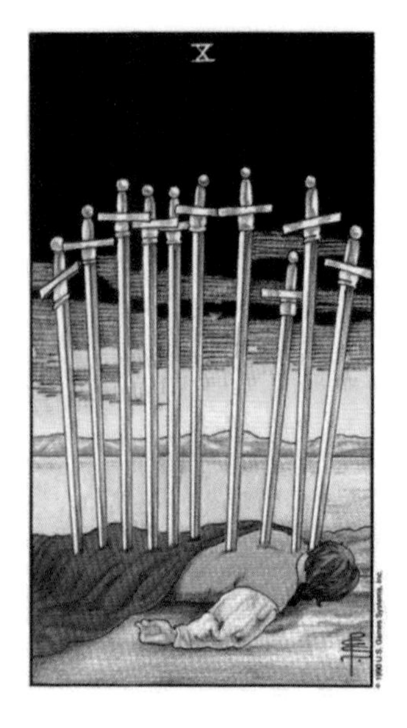

키워드

경고, 죽음 카드와 흡사, 파멸, 고통, 사고수, 절망적인, 죽음과 맞바꾸는 희생, 패배한 ↔ 재생, 새로운 시작.

상징

• 땅바닥에 쓰러진 사람: 고통, 고민, 슬픔, 고독, 왕따를 당한다. 집중적인 공격을 당한다.

• 몸에 꽂힌 열 개의 검: 크나큰 수술이나 상처이다. 위험한 상황이며 배신을 당했거나 당했을 수 있다.

• 노란 빛(결과 카드가 좋을 때는).

- 새로움의 시작, 이익, 성공, 권력과 권위를 나타낼 수도 있다.

- 좀 더 나아지는 상황을 기다리고 있으며 새로움이 시작될 수도 있다.

↔ 물가에 가면 사고가 생길 수 있다. 해 질 녘을 조심해야 한다.

검 X번 카드는 사경을 헤매는 큰 사고를 당할 때 나오기도 하고 대수술이나 성형 수술 시에 나오기도 한다.

4.
궁정 카드

궁정 카드는 네 가지 짝 패(地, 水, 火, 風)마다 각각 시종, 기사, 여왕, 왕이 있으며, 펜타클에 시종, 기사, 여왕, 왕, 4장, 컵에 시종, 기사, 여왕, 왕, 4장, 지팡이에 시종, 기사, 여왕, 왕, 4장, 검에, 시종, 기사, 여왕, 왕, 4장이며, 모두 16장으로 이루어져 있다.

궁정 카드는 인물로 구분이 되는 카드이다.

영향을 주는 다른 사람이나 어떤 상황 또는 나 자신의 성향을 나타내는 카드이다.

시종(Page)의 특성과 계급

- 10대의 특성, 공주 (소년)을 의미하며, 발랄하고 생동감이 넘치며 젊음이 있고 새롭게 시작하는 사람이다.
- 다른 사람을 나타낼 때 자신보다 나이 어린 사람이거나 나이는 있지만 미숙한 어린아이 같은 어른을 나타낸다.
- 상황적인 면에서는 시작하는 단계이거나 열정은 있지만 능력이 부족한 상황을 나타낼 수 있다.

기사(Knight)의 특성과 계급

- 20대 왕자(기사), 청년으로 활동, 이동에 좋은 카드이다.
- 젊은이로서 열심히 노력하고 적극적이다.
- 동료이며 실무자이며 행동력을 갖춘 사람을 나타낸다.
- 정중하며, 예의가 있다.

여왕(Queen)의 특성과 계급

- 여성을 떠나 그 분야의 권위자이며 책임감과 신뢰를 갖춘 인물이다.
- 실질적이며, 현실적인 감각을 지닌 유형의 권위자나 부모일 수 있다.
- 주변의 많은 사람과 인간관계에 깊이 관여할 수 있다.
- 자존심 강하며, 권력욕과 명예욕이 있다.

왕(King)의 특성과 계급

- 부모나 전문가이며 권한과 책임감이 있는 사람이다.
- 남성적이고 자신감 넘치는 권력이 있는 사람이다.
- 나이에 비해 성숙한 사람이다(어린 사람일지라도).
- 권위 있는 지위와 리더십을 갖추고 있다.
- 자기 분야에서 인정을 받는 사람이다.
- 명예욕 높으며, 자존감이 강하다.

펜타클 시종의 키워드, 상징, 성격

키워드

사회초년생, 전형적인 흙의 성격, 믿을 수 있고 돈의 가치를 인식하는, 꾸준한, 저축하는, 조금의 이익, 경제적, 잠재력 있다.

상징

- 펜타클 손에 들고 있다.

- 장학금, 공돈, 작은 것에 만족하다.
- 첫 소득이 생긴다.
- 연하에게 돈이 들어간다.
- 학문에 몰두하고 좋은 소식이 있다.

- 평화로운 환경(푸른 대지): 땅, 안정적, 규칙을 잘 응용, 관리하면 돈이 된다.
- 소년의 시선: 직접 눈으로 봐야 믿는다.

성격

- 아직은 철이 없고, 변덕이 심하다.
- 착하고 사려 깊고 믿을 수 있는 사람이다.
- 호기심이 많고 순종하며, 꾸준히 노력한다.
- 돈의 가치를 알고 계산적이며 이익을 생각한다.

- 펜타클 시종은 물질주의, 실용적인 것과 관련된 별자리, 황소자리, 처녀자리, 염소자리와 연결되어 있다.

펜타클 시종은 학생이 장학금을 탈 때 나올 수도 있고, 어떤 좋은 소식이 있을 때나 아끼는 부하직원이나 신입사원이 들어왔을 때도 종종 나오기도 한다.

어려운 카드가 함께 배열되면

- 좋지 않은 소식이 있을 수도 있다.
- 돈의 가치를 인식하지 못하고 낭비가 심하고 사치할 수도 있다.

펜타클 기사의 키워드, 상징, 성격

키워드

전형적인 흙의 특성, 인내심, 확고부동, 사려 깊고 차분한, 신중한 ↔ 단조롭고 완고한, 정체된, 지나치게 신중하다.

상징

- 말 정지 상태: 확고부동하고 변화를 시도하지 않는다.
- 정지된 말에 있는 기사: 목적에 집중하고 신중한 사람이다. 대비가 철저하다.
- 새까만 말: 오랫동안 씻지 못해 새까맣다. 어떤 일을 할 때 목전에서 멈췄다. 변화하지 않으려 한다.
- 황폐한 땅: 과감히 이동해라. 부동산 가치 없다. 농사짓기 전의 땅일 수도 있다.
- 막다른 길: 온 길로 다시 돌아가라.

성격

- 주의 깊고 사려 깊으며 조심성이 있고 차분하다.
- 까다롭고 고집이 세며 활동력 있다.
- 명예를 중시하며 유용성, 실용성을 중시한다.

- 책임감이 있고 청렴하며 이득을 챙긴다.

어려운 카드가 함께 배열되면

- 무기력하고 게으르며 정체되어 낙담할 수 있다.
- 휴식을 취해 부주의를 막는 게 낫다.
- 자발적으로 시작하고 실행하도록 강하게 해야 할 수도 있다.
- 펜타클 기사는 물질과 실용적인 것과 관련된 황소자리, 처녀자리, 염소자리에 있는 화성과 연결되어 있다.
- 펜타클 기사가 나올 때는 이동이나 새로운 것을 시도할 때는 자꾸 지체되기도 하며 이런 상황을 지혜롭게 지켜보아야 할 때도 있다.

펜타클 여왕의 키워드, 상징, 성격

키워드

가정적인, 모성 본능, 부유한, 재정 관리 능력, 성공한, 전문직, 연상의 여인, 임신을 나타낸다.

상징

- 장미 넝쿨: 보호, 열정.
- 화려한 옥좌: 풍부함, 비옥함, 좋은 자리에 있다.
- 펜타클 바라봄: 물질세계를 아는 인물, 부유함, 재정 관리 능력 있다.
- 주위 환경, 풍요로운 대지, 장미 넝쿨: 자연 친화적이며, 자유와 관대함이 있다. 전원생활을 해도 좋다.
- 토끼: 다산(무화과나 석류도), 자식 욕심이 많다.
- 양머리(의자 장식): 욕심, 금전적, 정서적으로 안정을 추구한다.
- 인어(의자 옆): 풍요로우나 마음은 외롭다.
- 여성의 표정과 펜타클: 물질은 채웠지만 정신은 채워지지 않는다. 자기 자신을 돌아보게 되다.

성격

- 헌신적인 아내이며 가정적인 어머니다.

- 자식 욕심이 많고 잘 돌보는 사람이다.
- 자비롭고 관대하며 이해심 많은 사람이다.
- 동정심이 많고 마음이 넓다.
- 좋은 건강과 활력을 발산하는 사람이다.
- 오너나 리더로서 자격이 있다.

어려운 카드가 함께 배열되면

- 못됐고 이기적이며 악하고 의심이 많다.
- 불안하고 불신하며 공포 상태에 있을 수도 있다.

펜타클 여왕은 물질주의, 실용적이어서 별자리에서 처녀자리, 황소자리, 염소자리와 연관이 있으며 여성적인 행성의 금성이나 달과 연결된다.

펜타클 왕의 키워드, 상징, 성격

키워드

비옥함, 풍부함, 안정, 용맹스러움, 성공한, 좋은 가문, 경제적 능력, 최고 전문가, 재력가, 투자자, 물질 욕심이 강하다.

상징

- 포도송이 장식 옥좌: 안전과 안정의 전형이다.
- 펜타클: 풍부함, 비옥함의 상징.
- 왕의 홀(지휘봉): 엄숙함, 권위를 나타낸다.
- 의자 황소머리(흙의 황소자리): 고집, 물질주의.
- 왕관: 화려(장미, 백합), 거만해 보이기는 하나 풍요를 누리고 있다.
- 능력 있는 사람: 돈을 써도 금방 채워진다.
- 동전과 홀을 징과 북에 비유: 특별한 재미를 찾게 된다.
- 황소들과 풍요로운 포도: 부동산을 팔지 마라. 가치 있다. 땅에 대한 집착이 강하다.

성격

- 물질욕이 강하며 실용적이며 계산적이다.
- 신뢰할 수 있으며 충동적으로 행동하지 않는다.

- 바위처럼 견고하며 완벽주의자다.
- 통찰력이 있으며 안정을 원하고 이득을 챙긴다.
- 책임감 강하며 용맹스럽고 믿을 만한 사람이다.
- 끈기와 용기가 있는 사람이다.
- 욕심이 많으며 강한 소유욕이 있다.
- 부모나 성공한 사람이며 현명한 투자자이다.
- 나누려 하는 사람이며 재력가이다.
- 왕 중에서 제일 풍요로우며, 믿을 만한 배우자다.
- 어려운 카드와 함께 나오면 악덕하고 약하며 타락의 위험 있다.
- 융통성이 없고 수단과 방법을 가리지 않을 때도 있다.
- 펜타클 왕 카드는 행성에서 태양, 토성. 목성과 연관이 있고 물질주의인 황소, 처녀, 염소자리와 관련이 있다.

컵 시종의 키워드, 상징, 성격

소년이 물고기가 들어 있는 컵을 바라보며 서 있다.

키워드

예민, 낭만적, 예술적, 감수성, 물의 성격, 상상력 풍부, 섬세한 감정, 호감을 보이는, 화려한, 여성적인, 미숙하다.

상징

- 핑크색 블라우스: 예술적, 예술가, 여성적인 남자나 트랜스젠더일 수 있다.
- 옷차림: 외모에 신경 쓴다. 낭만적이고 예술적인 사람이다.
- 수선화: 자아도취가 있다. 순진하거나, 지나치게 백일몽에 잠기는 성향 있다.
- 물고기: 몰두(생산적인 결과)한다. 물고기자리 상징한다. 탄생, 잉태나 임신, 새로운 관계를 나타낸다. 재생이나 소식, 전갈 등을 나타낸다.
- 물: 생산력, 재생산, 물의 성격, 상상력과 감정이 풍부, 감수성, 감정과 관계있다.

성격

- 착하고 부드러우며 감정이 풍부하다.

- 정직하며 어린아이와 같은 수다쟁이다.
- 예민하며 낭만적이고 마음이 여리다.
- 바라는 게 많으며 예능에 첫발을 내딛는 사람이다.
- 면학에 힘쓰는 젊은이이다.
- 숙고, 명상에 빠질 수도 있다.
- 감수성이 풍부한 사람이나 현실적이지 못할 수도 있어 꼭 점검이 필요하다.

컵 시종 카드는 물의 별자리인 게, 전갈, 물고기자리와 수성의 행성과 연관이 있다.

컵 기사의 키워드, 상징, 성격

컵을 내밀고 유순한 흰색 말을 타고 서 조용히 앞으로 나아가고 있다.

키워드

평화의 카드, 청혼, 관계를 맺는, 물의 특성, 제의하는, 변화를 시도하는, 기회를 주는, 예술적 감각이 있는, 동맹을 제안하는, 초대 카드.

상징

- 백마(늙은 말): 노련한, 경험이 많은 말이다.
- 날개 달린 투구: 상상의 세련미가 있다.
- 말을 탄 왕자: 귀한 왕자, 멋진 구혼자이다.
- 황금 컵: 청혼, 좋은 소식 온다. 프러포즈, 도착, 초대를 의미한다.
- 정보의 신 헤르메스(옷의 무늬).

- 머리가 비상하다.
- 상대의 상황을 이미 잘 알고 있다.
- 머릿속에 많은 계략이 있다.

- 강 건너 산: 또 한 번의 고비가 기다린다.

성격

- 착하고, 성실하며 자상한 사람이다.
- 물의 특성인 부드러우며, 감정이 풍부하고 섬세하다.
- 굉장히 느낌이 강하고 가슴으로 표현하는 사람이다.
- 사랑하는 마음이 깊고 순수하며 정서적 표현이 풍부한 사람이다.
- 조심성이 많고 빈틈없는 사람이다.

어려운 카드가 함께 배열되면

- 변덕스럽고 미지근하며, 간혹 미련하다.
- 질투가 많고 매너가 없으며, 리더십 부재이기도 하다.

컵 기사 카드는 게자리, 전갈자리, 물고기자리에 있는 화성과 연결이 된다.

컵 여왕의 키워드, 상징, 성격

물가에 앉아 컵을 바라보고 있다.

키워드

품위, 교양이 있다. 낭만적 기질, 상상력 풍부, 예민한 감수성, 큰 꿈 가짐, 예지력 있는, 성공한, 우울증, 패쇄적이다.

상징

- 화려한 컵: 정서에 대해 이해가 깊고 환상에 젖어 있다.
- 물건 살피는 모습: 보석을 매매함. 성공과 행복.
- 인어 물고기: 물 원소, 동정적, 창조적, 이상적이고 순진하며 정답고 영리하다.
- 화려한 의자 장식: 온갖 희망에 부풀어 있다.
- 발 앞의 물: 언제 위험해질지 모른다.
- 뚜껑을 닫아 놓은 컵: 패쇄적이다.
- 바닷가 근처: 기다리는 해외 소식이나 사람이 있다.

성격

- 사랑스럽고 여성스럽다.
- 뛰어난 직감력이 있고, 눈치가 빠르다.

- 까다로우며 똑 부러진 성격이어서 약간 얄미울 수 있다.
- 예민한 감수성이 있으며, 감정이 충만한 사람이다.
- 낭만적인 기질이 있으나 냉정할 때도 있다.

어려운 카드가 함께 배열되면

- 변덕이 많고 믿음이 없는 여성이다.
- 신경이 날카롭고 도덕성이 없는 여성의 카드일 수도 있다.
- 너무 환상만을 꿈꾸는 사람이라 현실적인 파악을 잘해야 한다.

컵 여왕 카드는 물의 별자리 게자리, 전갈자리, 물고기자리와 여성적인 금성, 달의 행성과 연결되어 있다.

컵 왕의 키워드, 상징, 성격

왕좌가 물 위에 떠 있으며, 높은 등받이가 있는 회색의 돌의자에 화려한 옷을 입고 손에 컵을 들고 앉아 있다.

키워드

관대한, 로맨틱한, 사교적인, 부드러운, 예술적인 ↔ 감정 억압하는, 공감 못 한다.

상징

- 물에 둘러싸여 있다.

- 좋은 쪽: 사색적, 감수성 강하다.
- 최악: 제멋대로, 자기 기만적이다.

- 바다 위에 떠 있는 옥좌.

- 물 위에 떠 있다(마음이 흔들림).
- 사색적이고 감수성이 강하다.
- 감정의 바다에 사는 사람이다.

- 먼 곳을 바라봄: 개인적 삶은 힘들다.
- 한 손 지휘봉: 꿈만 꾸고 있다.
- 오른손 컵: 확신이 없다.
- 배 뒤 돌고래: 집중되어 있지 않은 사람이다. 실현 가능성이 희박하다.
- 왕과 파도: 부드럽지만 때론 매우 격정적이다.
- 바다 위 섬: 내면이 채워지지 않은 공간이다.
- 크고 작은 두 개의 컵(봉을 컵으로 본다면): 늘 위험에 대비한다. 술을 즐긴다. 늘 내연녀가 있다.

성격

- 남성적인 카리스마보다 여성스럽고 부드러운 자상함이 있다.
- 좋은 쪽: 예술가적 기질을 가지고 있으며 창조적이다.
- 인생을 즐기는 사람이며 사교적이다.
- 안 좋은 쪽으로는 현실 직시가 필요한 몽상가이다.
- 자기 일은 잘 못하고 오지랖이 넓다.
- 감정 기복이 심하고 감정에 영향을 많이 받는다.

어려운 카드가 함께 배열되면

- 현실 세계는 버거울 수 있으며, 감정을 억압한다.
- 다른 사람의 마음에 공감하지 못한다.
- 주변에 구설수가 따라다닌다.
- 파도에 출렁거리듯이 변덕이 많아 신용이 없다.

컵 왕 카드는 행성은 태양, 목성. 토성과 관련이 있으며, 별자리에서는 게자리, 전갈자리, 물고기자리와 연결되어 있다.

지팡이 시종의 키워드, 상징, 성격

소년이 지팡이를 손에 들고 도마뱀 무늬가 그려진 옷에 망토를 걸치고 호기심 많은 시선으로 지팡이를 보고 있다.

키워드

불의 성격, 활기차고, 창의적, 긍정적, 직관력, 호기심 많은, 재능이 많은, 모험한다.

상징

- 지팡이 싹: 성장의 욕구(나는 빨리 크고 싶은 욕구).
- 무언가를 선언하는 자세: 자신감.
- 세 개의 피라미드: 연인, 사절, 집배원, 해외에서 오는 소식, 낯선 소식 등이 있다.
- 시종 모습: 호기심 많은 초기 단계의 상황이다.
- 정보의 신 헤르메스: 믿을 수 있는 사람이다. 지략 풍부하다.
- 어린 헤르메스: 아랫사람을 믿어라.

성격

- 활발하며 활동적이고 모험적이다.
- 재미있고 귀여우며 지략이 풍부한 사람이다.
- 정의감 있으며 창의적이며 자신감이 넘친다.

- 따뜻함이 있고 열의가 있으며 인기가 많다.
- 왕성한 호기심으로 많은 정보를 모으기 좋아한다.

어려운 카드가 함께 배열되면

- 불같은 성격, 충동적 성격이 될 수도 있다.
- 반드시 좋은 배우자감이 아닐 수도 있다.
- 새로운 것을 추구하는 성격이라 불안정할 수 있다.

지팡이 카드는 불의 성격인 양자리, 사자자리, 궁수자리에 있는 수성과 연결되어 있다.

지팡이 기사의 키워드, 상징, 성격

지팡이 기사가 전속력으로 앞을 향해서 달리고 있다.

키워드

이동, 주거지의 변화, 장거리 이동수, 열정적인, 모험, 성취욕이 있는, 용감한, 성취하다.

상징

- 배경, 사막, 세 개의 피라미드: 미지의 세계, 여행을 떠나는 길, 출발, 이동, 주거지의 변화가 있다.
- 출장(해외와 연관)이나 가출할 때 나온다.
- 열정을 가진 기사: 모험을 즐긴다. 즉흥적 행동은 경계하라. 급하면 체한다. 스태미나가 강하다.
- 상기된 말의 목덜미: 화내고 후회한다. 갑작스럽게 일어나는 사건 있을 때 나온다.

성격

- 충동적인 사람이지만 포근하고 온화하다.
- 용감하고 활동적이며 모험심이 강하다.
- 매너 있고 인물도 준수하다.
- 정력적이며 모험 즐기고 솔직하다.

- 똑똑해서 자기 일을 똑 부러지게 한다.
- 우리의 동료 같은 사람이다.

어려운 카드가 함께 배열되면

- 고집이 세며 변덕이 있어 사람을 믿지 못한다.
- 예측할 수 없는 불같은 성격이 나올 수도 있다.
- 열의는 대단하나 마무리를 제대로 하지 못할 수도 있다.

지팡이 기사 카드는 양자리, 사자자리, 궁수자리에 있는 에너지, 활동의 행성인 화성과 관련이 있다.

지팡이 여왕의 키워드, 상징, 성격

지팡이와 해바라기를 든 여왕이 정면을 향해서 앉아 있으며 왕좌에는 사자가 새겨져 있고 발 앞에는 고양이 한 마리가 있다.

키워드

자신만만, 권위적, 엄숙함, 늠름한, 주도적인, 성공한, 신뢰감이 가는, 권력을 찾아가는, 욕망이 강한, 자신의 중심이 강하다.

상징

- 지팡이에 있는 잎: 생명, 생기를 의미한다.
- 지팡이 꽉 쥔 손: 집착이 강하다.
- 손에 해바라기: 태양(권력 지향적), 가정을 의미한다.
- 옥좌에 불사자(불 원소의 상징): 보스 기질이 있고 까다로운 자만심 있다. 권위가 있고 자신만만하다. 엄숙함이 있고 열정적인 에너지가 있다.
- 고양이: 수호를 의미한다. 경계심 많다. 바람을 핀다.

성격

- 매력적이고 열정적이고 긍정적이다.
- 위엄 있는 사람이며 남편보다 우월할 수 있다.
- 가족의 핵심 인물이고 가족을 잘 단합시키는 사람이다.

- 사회, 가정적으로 성공하고 열정이 대단한 사람이다.
- 부드럽고 인자한 사람이지만 계산적이다.
- 손해 볼 일은 하지 않고 실용적인 사람이다.
- 때로 활동적이고 말을 잘하는 사람이다.
- 일과 사랑을 모두 쟁취하려고 하는 사람이다.

어려운 카드가 함께 배열되면

- 질투심이 많고 반대만을 할 수도 있다.
- 속임수가 많고 불신을 나타낼 수 있다.

지팡이 여왕 카드는 궁수자리 사자자리, 양자리와 연관이 되며 여성적인 달, 금성과도 연결이 되어 있다.

지팡이 왕의 키워드, 상징, 성격

지팡이 왕은 지팡이를 들고 측면으로 앉아 있다. 망토에 도마뱀이 있으며 왕관에는 불꽃이 장식되어 있고 등받이에는 사자가 그려져 있다.

키워드

유능한, 화끈한, 리더십 있는, 성공한, 신뢰감 있는, 창의적이다.

상징

- 왕좌 뒤쪽 사자 기호-사자자리: 위엄 있고 빈틈없다.
- 왕관 아래 보존 모자: 따뜻하고 헌신적인 교사, 감화시키고 동기 부여를 한다.
- 왕이 앉아 있는 모습(측면): 고집이 세다. 고집불통(볼 것만 보겠다), 방심하지 마라. 허점을 보여 줘야 다가온다.
- 도마뱀: 마술적인 의미(영생불멸), 직관력, 통찰력, 작은 일에는 모른 척하라. 위험하면 꼬리부터 잘라라.
- 지팡이 쥔 힘없는 손, 과거를 보는 얼굴: 종이호랑이다.

성격

- 언행이 일치하며 정직하고 똑바른 사람이다(선비 모습).
- 낙천적이고 자유를 사랑하고 철학적이다.

- 정력적이고 유능하며 신뢰할 수 있는 사람이다.
- 정확하고 지도력을 발휘하는 사람이다.
- 능력과 통찰력이 있으며 나이에 비해 성숙한 사람이다.
- 타고난 지도자이며 때에 따라 다소 거만하기도 하지만 겉보기와 달리 인정이 있다.
- 엄하지만 선하면서 관대한 사람이다.
- 때로는 독선적이고 결단력이 부족할 수도 있다.

지팡이 왕 카드는 행성의 태양, 토성, 목성과 사자자리, 양자리, 궁수자리의 별자리와 관련이 있다.

검 시종의 키워드, 상징, 성격

검 시종이 큰 검을 들고 언덕 위에 서 있다. 검의 시종은 매우 동적인 카드이다.

키워드

전형적인 공기의 성격, 이해 빠르고 민첩하다. 활기찬, 결단력 있는, 잠재력이 있다. ↔ 어리숙한, 겁이 없다. 위험천만한, 예측되어 있지 않고 준비되어 있지 않다.

상징

- 검을 올려 공격적인 자세: 날렵하게 준비하는 사람, 기술을 연마하라. 단단히 준비하라(경계, 시험, 예측되지 않은 상황). 경솔하게 일할 위험성이 있다.
- 어린 소년과 날카로운 검: 어리다고 자극하지 마라. 작은 복수, 군대를 빨리 가는 것도 좋다.

성격

- 생각이 있다 하더라도 급하고 직선적이다.
- 말을 함부로 하나 마음이 여려 금방 후회한다.
- 상대방을 한 번쯤 생각해 보고 말을 해야 한다.
- 머리가 가슴을 지배해서 공감 능력을 배워야 한다.
- 이해 빠르고 민첩하고 활기차며 매력은 있다.

• 생각이 공기, 바람과 같이 무정하다.

• 자존심과 고집이 세서 누구의 조언도 듣지 않는다.

예를 들어 동호회 모임에 처음 가는데 잘 적응할 수 있을까 질문 시 검 시종 카드가 나오면, 동호회 회원 중 경솔하며 남의 험담을 하는 인물이 있어, 말을 조심해야 하며 너무 믿지 말아야 한다는 것이다.

검 시종 카드는 쌍둥이자리, 천칭자리, 물병자리에 있는 의사소통, 표현력이 좋은 수성에 해당한다.

검 기사의 키워드, 상징, 성격

검을 든 기사가 투구를 내리지도 않고 바람을 가르며 앞을 향해 전속력으로 돌진하며 검을 휘두르고 있다.

키워드

저돌적, 적극적, 역마, 용기, 저항, 야망이 있는, 용감한, 강력한 활동, 이동의 카드, 패기가 있다. ↔ 낭비하며 경솔하고 무능력하다.

상징

- 앞부분만 보이는 말: 전속력 돌진한다.
- 검을 휘두름: 빠르게 발생하는 사건, 아주 뜻밖의 사건이나 큰 복수이다.
- 검을 들고 달리는 기사: 기습을 노려라. 치명상을 조심하라. 복수한다.

성격

- 활동적이고 활발하며 카리스마가 대단하다.
- 목표를 이루기 위해서는 돌진하는 무서운 집중력, 집착을 강하게 가지고 있다.
- 의리와 패기가 있는 멋진 남성이다.
- 계산적이고 현실적이며 손해 안 보려 한다.
- 믿음이 있을 때만 좋은 관계가 되지만 신뢰가 깨지면 친구, 동료 관계에 갈등 있다.

내담자가 타 지역에서 사업하려고 하는데 그 지역 유지가 자기 사업을 인수하라고 제안했다. 이 고민에 검 기사 카드가 나와 처음 마음과는 다르게 흘러갈 수 있고 후회할 수 있으니 안 하는 것이 좋을 것 같다고 얘기했다. 내담자는 나중에 안 하기를 천만 번 잘했다고 안도하는 모습이었다.

검 기사 카드는 쌍둥이자리, 천칭자리, 물병자리와 화성과 천왕성이 연결되어 있다.

검 여왕의 키워드, 상징, 성격

큰 검을 들고 측면으로 앉아 있는 여왕의 모습은 엄격해 보이며 나비가 새겨진 왕좌와 왕관을 쓰고 있다.

키워드

엄숙함, 도전적 자세, 커리어 우먼, 성공한, 리더십 있는, 자존심 강한, 논리적인, 철두철미한, 완벽주의, 고지식한 ↔ 얌전한 체하며 악의 있고 완고함. 책략이나 사기이다.

상징

- 옆모습(측면): 볼 것만 보겠다. 완고한 고집 있다.
- 오른손 검: 단호하게 하겠다. 공정하나 규정에 따라 엄격하게 한다.
- 새 한 마리(머리 위): 외롭다. 슬픔, 친밀함, 혼자서 해결한다.
- 왕관의 나비: 날짐승, 책략, 밖으로는 냉정, 속으로는 자유를 원한다.
- 지금은 혼자이다: 정서적으로 혼자인 사람이다.
- 손동작: 당당하게 요구하거나 냉철하게 요구한다. 일단 상대의 이야기를 듣고 판단한다.

성격

- 자존심이 강하며 자립심이 강하다.

- 공정하며 미래 지향적이고 치밀하다.
- 신경질적이면서 냉정하고 계산적이다.
- 눈이 높고 현실적이며 자신이 원하는 것을 취하기 위해 단호함이 있다.
- 수줍은 사람이며 신비스러움이 있다.
- 외롭다고 느끼는 사람이라 진심으로 대해야 한다.
- 성격이 대단하여 비위 맞추기가 쉽지 않다.

검 여왕 카드는 이성적인 쌍둥이자리, 천칭자리, 물병자리와 여성적인 금성, 달과 연관이 있다.

검 왕의 키워드, 상징, 성격

엄격해 보이는 남자가 당당하게 왕좌에 앉아서 검을 들고 정면을 바라보고 있다. 푸른색 용포와 보라색 망토를 하고 왕관에는 나비 문양이 있다.

키워드

주도적인, 예리한 마음, 공정함, 논리적, 결단력이 강한, 냉정한, 완벽주의, 단호함, 리더십, 냉철한 지성 ↔ 잔인하며 사악한 의도 있다. 괴팍하고 불성실하다.

상징

- 검을 치켜듦: 단호함, 예리한 마음, 냉철한 지성을 평균 이상으로 가진 사람이다.
- 분위기는 차갑고 서늘: 보수적이지만 잔인, 냉정한, 불성실하다.
- 높은 의자, 등받이: 뒤의 배경이 든든하다.
- 왕관 나비 무늬: 자유로워지고 싶다. 마음속은 여리다.
- 새 두 마리: 외롭지는 않다: 인연을 맺으면 혼자가 아니다(실력이 있는 귀인).

성격

- 독창적, 창의적이며 지적이고 독립적이다.
- 공정하며 논리적이고 사사로운 감정에 묶이지 않는다.

- 판단력이 좋고 단호하며 권위적이다.
- 예리함이 있어 겉으로는 강해 보여도 속은 여리다.
- 작은 일에 서운해하고 잘 삐진다.
- 마음 주면 헌신적인 사람이기는 하나 계산적이다.
- 마음을 터놓은 사람을 많이 만나야 한다.
- 자유분방하면서 공정하며 자수성가 스타일이다.
- 한 치의 실수도 허용되지 않는 사람이며 이 사람을 상대해서 이기려고 하면 안 된다.

검 왕 카드는 태양, 목성, 토성과 연관이 있고 쌍둥이자리, 천칭자리, 물병자리와 연결되어 있다.

부록

타로카드에서 나오는 별, 달, 해의 10개의 행성과 12개의 별자리를 간단하게 정리하였다.

별자리

Aries(양자리, 백양궁) 3.21~4.19

막강한 에너지가 있으며 솔직하고 직선적이고 목표 지향적이다.

Taurus(황소자리, 금우궁) 4.20~5.20

흙의 견고함과 몰두하면서도 자연스러움이 있다.

Gemin(쌍둥이자리, 쌍아궁) 5.21~6.21

재미있으면서 빠르고 독특하고 새로움에 끌리는 경향이 있다.

Cancer(게자리, 거해궁) 6.22~7.22

부드러우며 감수성이 풍부하고 관찰력이 뛰어나고 설득력이 있다.

Leo(사자자리, 사자궁) 7.23~8.22

권위와 지도력이 있으며 목표에 집중한다.

Virgo(처녀자리, 처녀궁) 8.23~9.23

집중력이 대단하며 현실적이고 실용적이며 감각이 있다.

Libra(천칭자리, 천칭궁) 9.24~10.22

부드러우며 초연하고 균형적인 삶을 유지하나 정서가 불안할 때도 있다.

Scorpius(전갈자리, 천갈궁) 10.23~11.22

지적이며 정서적이고 치밀하면서도 열정적인 매력을 가지고 있다.

Sagittarius(사수자리, 인마궁) 11.22~12.21

외향적이며 자유스럽고 명예와 신뢰를 사랑하며 독특한 면이 있다.

Carpicorn(염소자리, 마갈궁) 12.22~1.19

빈틈이 없고 자부심이 강하며 적극적이지만 열등의식이 나올 때도 있다.

Aquarius(물병자리, 보병궁) 1.20~2.18

편안함과 천진스러움이 있고 민감하기도 하지만 재치가 있으며 활동적이다.

Pisces(물고기자리, 쌍어궁) 2.19~3.20

민감하며 정서적인 면과 감각적인 면이 있고 상상. 환상적인 분위기에 이끌린다.

계절이 바뀌는 환절기에는 양쪽 계절의 성향이 나타나듯 별자리에서도 나타나기도 한다.

- 3.19~3.24: 생일인 사람은 물고기자리와 양자리가 공존하고 있다.
- 4.19~4.24: 생일인 사람은 양자리와 황소자리가 함께하므로 두 별자리의 성격이 들어 있을 수 있다.
- 5.19~5.24: 생일인 사람은 황소자리와 쌍둥이자리가 함께 들어 있다.
- 6.19~6.24: 생일인 사람은 쌍둥이자리와 게자리의 성향이 함께 자리한다.
- 7.19~7.25: 생일인 사람은 게자리와 사자자리의 성향이 공존하고 있다.
- 8.19~8.25: 생일인 사람은 사자자리와 처녀자리의 성격이 들어 있을 수 있다.
- 9.19~9.24: 생일인 사람은 처녀자리와 천칭자리의 성향이 함께 존재한다.
- 10.19~10.25: 생일인 사람은 천칭자리와 전갈자리가 공존하고 있다.
- 11.19~11.24: 생일인 사람은 전갈자리와 궁수자리의 성향이 함께 나타난다.
- 12.19~12.25: 생일인 사람은 궁수자리와 염소자리의 성격이 함께 공존하고 있다.
- 1.17~1.22: 생일인 사람은 염소자리와 물병자리의 성향이 함께 나타난다.
- 2.16~2.22: 생일인 사람은 물병자리와 물고기자리의 성향이 함께 나온다.

행성들

태양

자신감, 생명 부여, 열정.

달

감정, 변화, 불안감.

수성

다양하고 새로운 언어력 발휘.

금성

애정, 미적인 것, 여성과 관련.

화성

주도적인, 넘치는 에너지와 힘.

목성

풍부하고 가득한 것들.

토성

규제, 의무적인 것, 습관적인 것.

천왕성

파괴, 커다란 변화, 미지의 세계.

해왕성

몽상적인, 혼동, 이상의 세계.

명왕성

사라진 또는 새로움의 변화.

소통과 공감의 도구 타로의 숲 2권으로 이어집니다.

소통과 공감의 도구

타로의 숲 I

ⓒ 이도경, 2024

초판 1쇄 발행 2024년 11월 14일

지은이 이도경
펴낸이 이기봉
편집 좋은땅 편집팀
펴낸곳 도서출판 좋은땅
주소 서울특별시 마포구 양화로12길 26 지월드빌딩 (서교동 395-7)
전화 02)374-8616~7
팩스 02)374-8614
이메일 gworldbook@naver.com
홈페이지 www.g-world.co.kr

ISBN 979-11-388-3707-1 (03180)

• 가격은 뒤표지에 있습니다.
• 이 책은 저작권법에 의하여 보호를 받는 저작물이므로 무단 전재와 복제를 금합니다.
• 파본은 구입하신 서점에서 교환해 드립니다.

• 이미지 출처: Illustrations from the Universal Waite Tarot Deck② reproduced by permission of U.S. Games Systems, Inc., Stamford, CT 06902 USA. Copyright ©1990 by U.S. Games Systems, Inc.